JN439901

기적을
만드는
사람들

Honor Society

기적을 만드는 사람들

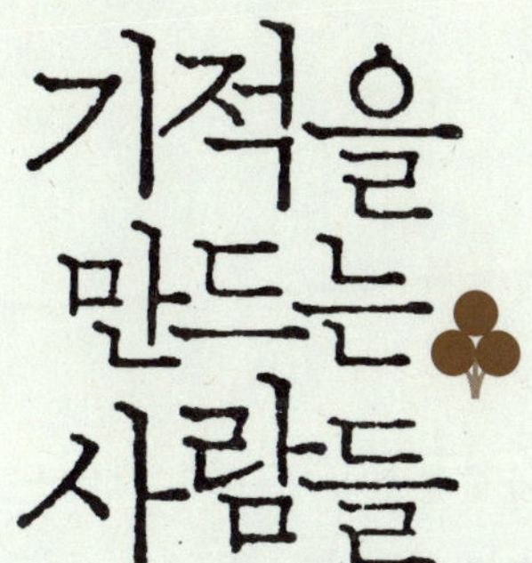

김수혜 강혜림 김지섭 이민구 하경환 구지윤 지음

로도스

목차

1장 기부라는 햇볕 속에서

2장 아껴서 하는 기부의 맛

3장 죽음의 고비에서 기부를 만나다

4장 아버지의 삶이 만들어낸 기적

5장 기부의 유전자, 다시 만난 어머니

6장 아내에게 배운 사랑

7장 그리고 또 다른 사랑의 얼굴

8장 이보다 더 좋을 순 없다

9장 공존공생, 더 행복한 세상을 위하여

이 책의 독자 한 분 한 분께

저희 집에는 '홍명보를 미워하는 초등학생'이 한 명 살고 있습니다. 홍 감독은 전 국민이 '멋진 사나이'라고 인정하는 분이죠. 하지만 새해 5학년에 올라가는 저희 딸은 "홍명보 아저씨 미워, 잉" 하더라고요. 사실은 제 탓입니다. 제가 런던올림픽 축구대표팀을 이끈 홍 감독을 인터뷰한 뒤 집에 가서, 스마트폰 사달라고 조르는 딸에게 "홍명보 감독님이 절대로 사주지 말라고 그랬다"고 눈을 부라렸거든요.

홍 감독은 두 아들을 키우는 아버지입니다. 그 전부터 책임감 강하기로 소문난 분이었지만, 2002년 한일월드컵 때 온 나라를 메운 붉은 물결을 본 뒤로는 더더욱 "이만큼 응원을 받았으면 이제부

턴 나 하나만 생각하고 살아선 안 되겠다"고 마음을 다졌다고 합니다. 그때 이후 10년간 그는 생판 모르는 남들을 위해 10억 넘는 큰 돈을 기부해왔고, 지금도 다양한 장학사업을 계속하고 있습니다. 홍 감독은 이렇게 남의 집 자식들 잘되라고 큰돈 쓰는 사람이지만, 자기 아이들이 물건 사달라고 조를 땐 선뜻 사 주는 일이 별로 없는 아버지입니다.

"가지고 싶다고 모든 것을 가질 수 있게 키우면 아이들에게 안 좋을 것 같아요. '다른 애들은 다 있다'고 하면 '그건 다른 집 얘기고 우리집은 다르다'고 해요. 지금 사는 집 근처에 어려운 분들이 많이 사는 판자촌이 있어요. 경기 없는 날 애들 데리고 거기 가서 '우리집은 어려움 없이 살지만 그렇지 못한 분들도 많다는 걸 잊어버리지 말자'고 했어요. 저도 선수 생활할 때 맛있는 거 사 먹고 좋은 옷 입어본 적 있죠. 히지민 자기를 위해 돈 쓰는 건 큰 재미가 없고 오래 가지도 않았어요. 한일월드컵 끝나고 처음 자선축구대회를 열어서 생긴 수익금으로 소아암 어린이 치료비를 댔어요. 그 이듬해 자선축구대회 할 때, 그 애가 나와서 시축을 했어요. 죽는다던 아이가 걸어 나와서 공을 차는데, 아 참…… 앞으로도 계속 기부할 겁니다."

아너 소사이어티는 개인 돈을 1억 원 이상 기부한 분들의 모임입니다. 2011년 여름부터 가을까지 저희 취재팀은 이 분들을 전부 찾아뵙고 인터뷰도 하고 설문조사도 했습니다. 조선일보 기자 셋, 사회복지공동모금회 소속 활동가 둘, 연세대 박사과정연구원 하나. 이렇게 여섯 명으로 구성된 팀입니다.

"큰돈을 내놓은 계기가 뭐였습니까, 앞으로 포부가 뭡니까"하는 식으로 간단히 묻고 끝내는 취재가 아니라, 아너 소사이어티 회원들이 각자 어디서 어떻게 자랐고 공부는 어디까지 했고 돈은 어떻게 벌었는지, 중간에 어떤 위기를 겪었는지, 그때 어떻게 다시 일어섰는지, 큰돈을 기부하겠다고 하니까 부인과 자식은 뭐라고 했는지, 돈 내고나서 아깝거나 화가 난적은 없는지, 심지어 노래방 가서 부르는 애창곡은 무슨 노래이고, 점심 약속 없는 날 즐겨 가는 식당은 어디인지까지 낱낱이 캐고 묻는 인터뷰였습니다. 그러고도 성이 안 차 인터뷰와 별도로 설문지도 돌렸고요.

기자들끼리 가끔 "한국은 기자로 일하기 참 좋은 나라"라고 농담을 합니다. 사회 전체가 안정된 선진국과 달리, 우리는 사건 사고가 많아 기사거리 떨어질 일이 없다는 얘기죠. 지금 이 순간에도 우리 사회에선 숱한 일이 벌어지고 있습니다. 그중에서 하필 아너 소사이어티를 선택해서 장기간 심층 취재하고 집중 인터뷰한 이유가 뭐냐고 물어보신다면, 아너 소사이어티 회원들이야말로 앞으로 우리 사회가 나아가야 할 방향을 잘 보여주는 분들이기 때문이라고 말하겠습니다. 그동안 치열하게 압축 성장해온 대한민국이 양극화와 장기 불황이라는 난제를 슬기롭게 극복하고 진정한 선진국으로 나아가려면, '잘 살아보자'는 투지(鬪志)에서 '다 함께 잘 살아보자'는 웅지(雄志)로 한 단계 업그레이드 해야 합니다. 그걸 '자본주의 4.0 정신'이라고 부른다면, 아너 소사이어티 회원들은 한 분 한 분이 '자본주의 4.0 정신'의 살아 있는 사례가 아닐까 합니다.

이 생각은 아너 소사이어티 회원들을 모두 인터뷰한 다음 방대한 자료를 정리하면서 도달한 결론입니다. 솔직히 말씀드리면, 아너 소사이어티 취재를 처음 시작할 때 저희 팀 머릿속에 있던 질문은, 뭐랄까, 좋게 말해 소박하고 단순했습니다. "개인 돈 1억 원을 냈다고? 왜? 어떤 사람들인데?" 그런데 취재의 끝에는 깊은 울림이 있었습니다.

1억 원은 큰돈입니다. 우리나라에 수많은 기업들이 있지만 회사 돈 말고 개인 돈을 기부하는 오너는 그리 많지 않습니다. 아너 소사이어티 회원들은 쉽게 돈 번 분들이 아니라, 대다수가 남보다 어려운 환경에서 죽도록 고생해서 지금의 부를 쌓아올린 분들입니다. 더구나 일상생활에서는 '짠돌이' 소리 듣는 분들이 많습니다. 오죽하면 1년에 한 번 모이는 정기 총회 때도, 호텔 연회 서비스 부르는 대신 설렁탕을 드시겠어요. 그것도 설렁탕 체인 운영하는 동료회원이

내시는 음식입니다. 이처럼 "나 자신을 위해서 돈 쓰는 건 아깝고 재미도 없다"는 분들이 어떻게 남을 위해 큰돈을 선뜻 내는지, 그 미스테리를 풀어보고 싶었습니다.

취재를 진행하는 동안 전국을 누볐습니다. 힘들다고 투덜댔지만, 아너 소사이어티 회원 한 분 한 분이 해주신 말씀이 깨알 같은 추억으로 남아 있습니다. 인터뷰와 설문에 흠뻑 빠져있던 한 해는 저희 취재팀 여섯 명에게 평생 잊지 못할 의미있는 경험이 됐습니다. 취재 시작할 때 오십 명에 못 미쳤던 아너 소사이어티 회원이 조선일보에 기획기사가 연재된 뒤 폭발적으로 늘어 지금은 이백 명을 바라봅니다. 기사의 힘이 아니라, 기사에 담긴 인생의 힘입니다.

저희가 아너 소사이어티 회원들을 만나 뵙고 느낀 행복과 감동을 좀 더 많은 분과 나누고 싶어 책으로 냅니다. 저희가 느낀 감동을 글로 잘 옮겼는지 부끄럽고 모자라는 부분이 많습니다. 어차피 마음이란 글로 전해지는게 아니라 글 속에 숨은 무엇을 통해 전해지는 거라고 생각하면서 용기를 내기로 했습니다. 이 책의 인세 전액은 사회복지공동모금회에 저희 팀 공동 명의로 기부합니다.

양상훈 편집국장과 윤영신 사회정책부장을 비롯한 조선일보 편집국 선배들이 이번 기획취재에 기꺼이 지면을 내주고 기사를 다듬어 주셨습니다. 이덕훈, 이명원 선배를 포함해 사진부 선배들이 따뜻한 인터뷰 사진을 찍어주셨고요. 선배들 모두에게 깊이 감사드립니다. 조선일보 편집국은 아너 소사이어티 회원 분들의 '빅 팬'입니다.

참고로 저희 팀 여섯 명 중 가장 낙천적인 사람이 감혜림 기자인데, "책 많이 팔려서 우리도 아너 소사이어티 되면 좋겠다"고 하더라고요. 제가 하도 어이가 없어 "책 팔아서 여섯 명이 아너 소사이어티 되려면 도대체 몇 권이 팔려야 되냐?"고 했습니다. 감 기자가 "어머, 선배. 꿈도 못 꾸나요? 헤헤헤" 하더군요.

맞습니다. 꿈이야 왜 못 꾸겠습니까. 저희 여섯 명의 진짜꿈은 아너 소사이어티 회원이 천 명, 만 명으로 불어나서 앞으로 우리 말고 다른 사람은 '전수 조사'할 엄두도 못 내게 되는 겁니다. 이 책이 거기 조금이나마 보탬이 된다면 저희들에게도 '아너'(honor)가아닐 수 없습니다.

김수혜 조선일보 기자

아너 소사이어티가 만든 변화

글로벌 금융 위기에 따른 경제 불황과 자본주의의 발달은 사회계층의 극단적인 양극화를 초래하여 빈곤과 사회 불안 등 모두의 삶의 질을 저하시키고 있습니다. 이에 양극단 계층의 동반 성장을 실현하자는 '자본주의 4.0'이라는 새로운 패러다임이 형성되고 있습니다. 그리고 미국의 부자들이 '더 기빙 플레지(The Giving Pledge)' 캠페인을 통해 자산의 50퍼센트를 사회문제 해결을 위해 기부하겠다고 선언했으며, 영국의 사회 지도층은 유산의 10퍼센트를 기부하자는 '레거시 10 (Legacy 10)' 캠페인을 전 사회적으로 전개하고 있습니다.

우리나라는 예로부터 환난상휼, 상부상조의 정신을 바탕을 둔

‘품앗이형 기부문화’ 전통을 가지고 있었습니다. 어려운 일이 생기면 이웃끼리 십시일반으로 돕다보니 지금도 지역에서 ‘주민 일동’으로 기부하는 경우가 많습니다. 반면 미국은 ‘십일조형 기부문화’를 가지고 있습니다. 프로테스탄트 윤리에 기반한 ‘십일조형 기부문화’의 가장 큰 특징은 소득에 따른 기부라고 할 수 있습니다. 빌 게이츠, 워렌 버핏 같은 억만장자들과 사회 지도층이 큰 기부로 앞장서고, 일반 국민들은 월급 기부로 번만큼 기부하고 있습니다. ‘품앗이형 기부문화’가 어려울 때 서로 돕는 아름다운 나눔의 의미를 갖고는 있지만 소득과는 상관없이 다수가 소액으로 참여하다보니 동정적이고, 일회적인 한계를 가지고 있었습니다.

최근 우리나라 기부문화에서도 중요한 변화의 조짐이 일고 있습니다. 자신이 가진 소득과 재산에 따라 기부하는 ‘십일조형 기부문화’로 한 단계 올라간 것입니다. 어렵게 자수성가해서 이제 사회로부터 대접도 받고 부를 이루었지만 무언가 인생의 공허함을 느끼게 되고, 생을 마무리하기 전에 인생에 한 번 무언가 의미 있는 일을 하고 싶다는 간절한 바람이 기부로 이어졌다고 생각합니다.

사회복지공동모금회는 2007년 12월, 이러한 시대적 요구에 따라 아너 소사이어티(Honor Society)를 설립하게 되었습니다. 미국의 ‘토크빌 소사이어티(Tocqueville Society)’를 모델로 하여, 사회 지도

자들이 사회문제에 관심을 가지고 나눔에 참여할 수 있도록 1억 원 이상 기부하는 대한민국 최초의 개인 고액 기부 모임이었습니다. 미국 공동모금회(United Way America)의 고액 기부자 모임인 '토크빌 소사이어티'는 1984년부터 시작했는데, 빌 게이츠를 비롯해 약 2만여 명의 회원이 가입하여 활발히 활동하고 있습니다.

아너 소사이어티를 설립했을 때 우리나라는 미국, 영국 등 기부 선진국과 같은 개인 고액기부 프로그램이 성공할 수 없다는 부정적인 시각이 많았습니다. 부의 세습을 당연시하는 가족 중심적인 한국의 사회 문화 속에서 개인 재산을 기부한다는 것은 여간한 결심이 아니면 힘든 일이기 때문입니다. 그동안 학교나 지역 장학재단에 거액을 기부하는 사람은 있었습니다. 이것도 어려운 일이지만, 이는 지연, 학연에 뿌리를 두고 있는 것인데, 일면식도 없는 타인을 위해 사회에 기부한다는 일은 정말 어려운 일이라고 할 수 있습니다.

그러나 예상과 달리 2008년 5월, 첫 번째 기부자가 나타나더니, 어느덧 백 명으로 늘어났고, 곧 이백 명에 이를 것으로 전망하고 있습니다. 특히 2011년과 2012년에 백삼십 명 이상 가입하면서 가히 폭발적으로 늘어나는 추세입니다. 이러한 변화의 중심에는 조선일보 '자본주의 4.0' 기획보도가 큰 역할을 했다고 생각합니다. '자본주의 4.0' 기획보도는 왜 따뜻한 자본주의가 우리사회를 통합하고 행복하게 만드는지, 지속가능한 발전을 위한 나눔의 역할이 무엇인지 진지한 고민을 할 수 있도록 우리사회에 큰 화두를 던졌습니다. 이런 시점에 '자본주의 4.0' 기획보도에 중심을 이루는 아너 소사이어티 회원들의 나눔의 삶과 철학을 담은 『기적을 만드는 사람들』의 출판은 대단히 바람직하고 가치 있는 일이라 생각합니다. 당대는 물론 먼 후대에도 진정한 나눔의 가치가 무엇인지 훌륭한 전통과 역사로 남길 수 있기 때문입니다.

이제 아너 소사이어티는 단순한 기부자의 모임이 아니라 우리의 미래를 바꿀 수 있는 의미있는 사회 변화의 하나라고 생각합니다. 회원 한 사람 한 사람의 나눔이 세상을 긍정적으로 변화시키고 우리의 미래에 새로운 힘을 불어 넣었기 때문입니다.

이 책에 소개된 아너 소사이어티는 회원들은 자발적으로 기부·봉사·교류 활동을 통해 사회문제를 해결하고 밝은 내일을 열어가는 사회 지도자들로서, 명예와 자긍심에 있어서 그 누구와도 비교할 수 없다고 생각합니다. 땀과 눈물 어린 귀한 재산을 사회 공동체의 더 밝은 미래를 위해 쾌척하는 귀하고 아름다운 선택은 아무나 실천하기 어려운 '의무이자 권리'인 것입니다. 아너 소사이어티 회원들의 용기 있는 선택에 존경과 지지를 보내며, 앞으로도 지속적으로 '아름다운 부자', '진정한 부자' 들이 줄을 이어 '한국형 노블레스 오블리주'를 실천할 수 있도록 '아너 소사이어티'가 더욱 활성화되기를 바랍니다.

『기적을 만드는 사람들』을 통해 보다 많은 사람들이 사회문제에 관심을 가지고 참여해 밝은 내일을 함께 만들어가기를 바라며, 이 책이 나오기까지 현장을 누비며 애써주신 조선일보 김수혜 기자님과 데스크진, 그리고 로도스 출판사 김수영 대표님과 관계자 여러분께 깊은 감사를 드립니다.

2012년 11월

사회복지공동모금회 회장 이동건

1장 기부라는 햇볕 속에서

평범하지만 사무치는 희망의 언어

유수복 회원

빵 사 먹으라고 준 돈 천 원

70년대 초, 동인천고등학교. 아침부터 운동장에서 왁자지껄한 소리가 난다. 버스 엔진이 부릉부릉 휘발유 냄새를 토하는 소리, 혈기 왕성한 까까머리 고등학생들이 떠드는 소리. 다섯 대의 관광버스가 출발 준비를 하고 있다. 시간이 되자 아이들은 줄을 맞춰 차에 올라타고 인솔 교사들의 호루라기 소리가 요란하다. 하지만 호루라기 소리를 듣는 둥 마는 둥 아이들은 모두 흥분을 감추지 못하고 있다. 2박 3일간의 설악산 수학여행. 벌써부터 들뜬 마음에 몸이 근질거려 킬킬대고 장난치느라 한바탕 난리다.

같은 시각 교실 안. 한 아이가 창문으로 출발하는 아이들을 내려다보고 있다. 수학여행에 가지 못하는 아이이다. 가정 형편이 어려워 수학여행비를 내지 못했고, 그래서 2박 3일 동안 동급생들이 설악산을 뛰어다닐 때 썰렁한 학교에 남아 공부를 해야 한다. 온 나라가 가난하던 시절이라 1학년 300여 명 중 절반이 수학여행을 못 갔다. 수학여행에 참석하지 못하는 아이들이 저마다 창가에 매달려서 떠나는 아이들에게 손을 흔들고 있다. 아이의 눈길도 떠나는 아이들의 신나는 표정을 좇고 있다. 쓸쓸한 마음에 절로 한숨이 나온다.

그때다. 운동장에 있을 줄 알았던 반 아이 중 한 명이 허겁지겁 교실로 들어온다. 아마도 뭔가 놓고 간 물건이라도 있는 모양이다. 책상 서랍에서 뭔가를 찾고서는 안도의 한숨을 내쉬던 친구는 자연스럽게 남아 있던 아이들의 얼굴을 바라본다. 이내 창가에 앉아 있넌 아이와 눈이 마주친다. 평소에도 아이와 친했던 녀석이었다. 친구는 갑자기 가방에서 지갑을 꺼내더니 아이에게 다가온다. 친구의 손에는 천 원이 들려 있다. 아이는 잠시 놀란다. 혹시 저 돈을 나한테 주고 가려는 건가? 혼자 놀러 가기가 미안해서? 자기도 모르게 가슴이 뛰는 소리가 들린다.

"야, 이걸로 빵이라도 사 먹어라."

하지만 기대는 무참히 깨지고 만다. 그 친구 녀석이 돈을 건넨 것은 아이가 아니라 아이 바로 옆에 앉아 있던 다른 친구. 돈을 받은 녀석은 눈이 휘둥그레지더니 환호성을 지른다. 큰 선심이라도 쓰는 듯 돈을 건네준 친구는 씨익 웃더니 잽싸게 밖으로 뛰어나간다. 버스 출발 시간이 얼마 남지 않았다. 이 모든 광경을 지켜본 아이. 자기도 모르게 눈이 매워진다. 눈에 뭐가 들어간 것처럼 서러운 눈물이 쏟아진다.

총동문회장이 되다

"전임 동문회장님들과 선배님들의 헌신적인 노고가 물거품이 되지 않도록 제 모든 신명을 다 바치겠습니다."

2001년. 동인천고등학교 정기총회에서는 동문들의 만장일치로 11대 총동문회장이 선출되었다. 그가 바로 30여 년 전, 수학여행도 못 가고, 친구가 빵 사 먹으라고 건네준 천 원을 못 받아서 눈물을 쏟았던 대양종합건설 유수복 대표다.

"얼마나 감개무량했겠습니까. 수학여행도 못 갔던 사람이 모교 총동문회장이 되었으니. 초등학교 때 벌써 저는 새벽에 냉수 떠놓고 빌었다니까요. 공부는 됐고, 인천에 있는 돈 좀 우리 집에 다 들어오게 해달라고요."

유수복 대표는 옛날 일을 떠올리며 쑥스럽게 웃었다.

"제가 동문회장 되던 날, 회장 수락인사에서 학교를 위해 5천만 원을 내놓고 시작하겠다, 그랬죠. 그래서 제 딴에는 의기양양해서 집에 왔어요. 집사람한테 자랑을 했더니 이 사람 하는 말이 '당신 그릇이 그것밖에 안되냐? 통 크게 모교를 도와야 하는 거 아니냐?' 그러지 뭐예요. 사실 저는 한편으로 제 맘대로 기부했다고 바가지 긁는 소리 들을 각오도 했었는데, 상황이 완전히 딴판이었던 거예요. 집사람이 절 부채질을 한 거죠. 생각해보세요. '당신답지 않게 그거 5천만 원 내놓고 큰소리 치냐'라고 할 줄 어떻게 알았겠어요. 하하. 보람을 느꼈죠, 정말. 가족이 더 알아주고 이해해주니까 고맙고, 내가 헛되이 살지 않았구나, 그런 마음이었어요."

정말 그랬을 것 같다. 기부를 통해 맨 먼저 행복해지는 건 자기 자신인지 모른다. 어렵게 살았던 자신이 역경을 헤치고 사회적으로 일정 이상의 사리에 올랐고, 그래서 다른 사람에게 도움을 줄 정도로 성공했다는 것을 다른 누구보다 자기 자신에게 가장 분명하게 증명하는 행위가 기부다. 거칠기 짝이 없는 건설업계에서, 은행 돈 한 번 빌리지 않고 자기 힘으로 독하게 커온 사람이 유수복 대표다. 무차입 경영으로 30년을 성장해온 유수복 대표의 자부심이 '내가 헛되게 살지 않았구나' 하는 한마디에 선명하게 묻어났다.

이랑과 고랑을 지나 환하게 기지개를 켤 때

모교의 총동문회장이 된 다음에는 사재를 털어 '동녘빛장학회'를 세우고, 소외되고 가난한 학생들을 돌보는 일을 시작했다. '최고로 일 열심히 한 동문회장이라는 소리를 듣고 싶었다'는 그의 말에서 30여 년 전 수학여행 못 가서 울음을 삼켰던 까까머리 고등학생이 환하게 기지개를 켜는 소리가 들리는 것만 같았다.

"저는 99원이 생기면 100원을 만들려고 했고, 999원이면 1000원을 만들려 했어요. 버스 타고 다니든 뭐든 잔돈을 돼지저금통에 넣어서 작은 돈부터 모았구요. 그러다보니 돈이 모이더라구요. 지금은 안 그러죠. 어느 날부터인가 의미가 없어졌어요. 그만큼 부자가 된 거예요. 제가."

고액 기부자들을 대하는 사람들 중에는 간혹 '돈이 얼마나 많으면 그렇게 많은 기부를 할까?' 하는 사람이 있다. 기부문화가 발달하지 않은 탓인지 모른다. 돈이 많고 적고에 상관없이, 자기가 누리는 한도 내에서, 혹은 그걸 넘어서까지 기부하는 사람들이 있고, 그들이 그로 인해 행복감을 느낀다는 게 좀처럼 와 닿지 않는 것이다. 그래서 자기 집안, 혹은 자기가 잘 알고 있는 사람이 억대의 기부를 하는데 오히려 고개를 모로 돌리는 사람이 간간이 있다. '남에게 잘해서 명성 얻으려 하지 말고 주변부터 잘 돌보라'고 욕하는 사람도 있다. 거기에는 분명 질투도 있을 것이고, 기부문화에 대한 이해 부족도 있을 것이며, 기부 당사자에 대한 편견도 있을 것이다. 어려웠던 시절 삼켰던 한을 기부를 통해 해소하려는 것 아닌가, 어딘가 쓸쓸하고 허한 마음을 기부로 상쇄하려는 것은 아니냐고 의심하는 경우도 있다. 그러다보니 우리나라에서는 가명으로 기부를 하는 사람이 많다. 하지만 유수복 대표는 앞으로 우리나라의 기부문화도 그것이 고액이든 소액이든 실명으로 할 수 있는 사회가 되었으면 좋겠다고 했다.

"저도 내놓고 자랑할 만큼 기부를 많이 하는 사람이라고 할 수 없어요. 약소하죠. 하지만 이건 분명했습니다. 아너 소사이어티에 가입했을 때, 얼마나 돈이 많아서 억대 기부클럽에 가입하느냐고 빈정대는 사람들이 한 사람도 없었어요. 그게 제 자랑입니다. 인심을 잃지 않고 살아왔다는 얘기 아닐까요. 왜냐하면 제가 평소에 제 주변과 지역사회와, 그리고 제 모교인 동인천고등학교와 인하대에도 수시로 기부를 해왔고, 그 기부에 이미 수억을 쓴 사람이니까 제가 사회를 위해 억대 기부를 해도 주위에서 밉게 보지 않은 거예요."

그는 아너 소사이어티(Honor Society)에 가입하고 나서, 너무 자신의 활동이 요란스럽게 알려진 것 아니냐 싶어 쑥스러웠다고 했다. 그저 자신이 베풀 수 있는 범위 내에서 베풀어온 것뿐이고, 그게 너무나 자연스러웠는데, 마치 큰 베풂을 실천한 것처럼 알려지는 것은 좀 아닌 것 같다고 겸손해 했다. 그는 기부가 기부로 끝나는 것이 아니라 그 돈이 잘 운영되었으면 좋겠다고 했다. 또 더 큰 기부자들이 나왔으면 좋겠다고 했다.

인간은 이기적인 유전자를 가지고 태어난다고 한다. 자기 유전자의 보존을 위해 유전학적으로 이기적일 수밖에 없다는 것이다. 그렇다면 선하고 이타적인 마음은 어떻게 가능한 것일까. 이타적 삶이 자기 유전자를 보호하는 데 장기적으로는 더욱 유리할 수 있기에 인간은 이타적 삶을 선택한다고 말하는 학자도 있다. 하지만 어머니가 돌아가셨을 때도 장례를 치르고 남은 돈 6천만 원으로 '김포장학회'를 설립해 사회에 환원을 했던 사람에게 그런 이론을 들이대는 건 야박한 일이다. 그의 어머니는 가난하게 살면서도 아들에게 "더불어 살아가는 세상이니까 사람이라면 당연히 베푸는 사람이 되어야 하고, 남에게 조금이라도 피해를 주면 안 된다"고 말했다. 유수복 대표는 "이랑이 있으면 고랑이 있다"는 가난한 어머니의 말을 평생 기억했다. 고된 날 뒤에는 반드시 좋은 날이 있다는, 그 평범하지만 사무치는 희망의 언어가 그의 삶을 여기까지 이끌어왔다.

이 세상에는 동업자 정신이 필요해요

박순호 회원

신상은 모두 내 손에 있소

박순호 회장은 바빴다. 비행기를 타고 수시로 부산과 서울을 왕복했다. 그럴 수밖에 없었다. 중저가 남성복 '인디안'을 필두로 'NII', '올리비아로렌', '트레몰로', '센터폴' 등 세정그룹이 론칭한 브랜드에서 계절별로 쏟아지는 신상품들만 따져보자. 그런데……도대체 얼마나 되는지 얼른 감이 잡히지 않았다.

"시즌별로 5천 벌은 넘을 거예요."

박순호 회장은 이 5천 벌을 일일이 자기 손으로 만져보고 입어보고 사람들에게 입혀봐야 시장에 내놓는 사람이다. 사실 패션회사

CEO라면 좀 더 섬세하고 부드러운 사람일 줄 알았다. 거친 경상도 사투리를 툭툭 뱉는 박순호 회장이 사무실에서 남성복은 물론 여성복과 언더웨어까지 꼼꼼하게 살피는 장면에는 그래서 반전의 묘미가 있었다. 매출 1조 원이 넘는 국내 대표 패션기업 중 한 곳의 대표로서, 최고결정권만을 행사하면 되지 않을까 싶은 생각이 들기도 할 텐데, 현장 실무자가 맡아서 해야 할 일이 아닐까 싶은 세세한 부분까지 그는 꼬박 30년 가까이 빠뜨리지 않고 해오고 있었다.

"아침에 앉으면 저녁 9시까지 보는 거예요. 옷이, 실루엣이, 시대적으로 자꾸 변하지 않습니까. 체형도 그렇고. 양복도 그래요. 쓰리버튼이 왔다가 투버튼이 왔다가 또 원버튼이 왔다가. 패션이라는 것은, 적응이 빨라야 합니다. 쓰리버튼을 선호할 때는 아주 편한 옷을 찾는 거구요. 원버튼을 선호할 때는 옷이 슬림하게 몸에 착착 맞는 것을 찾습니다. 그럴 땐 패션도 같이 바뀌어 가야 되거든요. 그런 것을 모릅니다, 밑에 애들은."

패션왕의 자부심

패션을 이야기할 때, 그의 표정에는 아무도 모르는 비밀을 혼자만 간직한 사람의 자부심과 자신이 좋아하는 일을 하고 있어서 너무 행복하다는 흥겨움이 동시에 배어 있었다. 그는 '패션이야말로 철저하게 오너가 알고 있어야 성공할 수 있는 분야'라고 했다. 그는 메리야스 도매가게로 사업을 시작했다. 70년대 부산중앙시장에서 재봉틀 아홉 대로 사업을 시작해서 지금의 세정을 만들어낸 그에게는 자수성가한 기업인만이 가질 수 있는 완고함이 느껴졌다. 혼자 힘으로 세상과 맞서 기업을 일구어온 사람만이 가질 수 있는 자신감이자 시련과 역경을 이겨내고 지금 이 자리에 온 사람만이 풍길 수 있는 굳은 '옹이' 같은 굳건함이기도 했다. 바로 이 대목에서 궁금해지지 않을 수 없었다. 자수성가한 사람들은 대체로 타인보다는 자기 스스로를 더 신뢰하고 남에게 일을 잘 맡기지 못하는 경향이 있다. 모든 일을 스스로 점검해야 안심이 되기 때문이다. 자기 야망이 큰 만큼 개인적인 성취에 골몰하느라 미처 주위를 돌보지 못하는 경우도 많다. 그런데 박순호 대표는 주위를 봤다. 왜 그랬을까?

"80년대 중반이니까 제가 30대 후반일 때예요. 처형이 경남 밀양시에 있는 장애인 복지시설인 '평화의 마을'이라는 곳을 좀 돕자는 거예요. 처음 가서는 백 만 원을 드리고 왔죠. 지금으로 치자면 수천만 원 정도의 돈이었는데, 그런데 또 가고 싶은 거예요. 그래서 부산진시장 2층, 3층에 가서 할머니들이 입을 몸빼를 준비했어요. 옷이랑, 음식이랑 거기서 필요하겠다 싶은 여러 가지를 준비해서 새벽 일찍 출발했어요."

그렇게 시작한 봉사가 지역의 독거노인과 소년소녀가장을 직접 찾아나서 도움을 주는 활동으로 이어졌다. 그는 2008년 부산 1호 '아너 소사이어티' 회원이 됐다. 그는 지금까지 132억을 기부했다. 뿐만 아니다. 2011년에는 사재 330억을 출연하여 '세정나눔재단'을 만들었다. 제1회 '대한민국 자원봉사 대상' 대통령 표창의 영예도 안았다. 사업을 밀어붙인 것처럼 나눔도 쉴 새 없이 밀어붙였다. 도대체 어디서 이러한 원동력이 생겼던 것일까.

"저는 절대로 아랫사람들 시키지 않아요. 내가 눈으로 확인해야 해요. 그 현장을 직접 목격해야 내가 좀 더 도와야겠다는 마음이 생기게 되거든요. 추운 겨울에, 제가 넣어드린 연탄 한 장이 홀로 어렵게 사시는 어르신 방을 따뜻하게 만들 수 있고, 내가 건네는 쌀 한 포대가 가난한 이의 주린 배를 채울 수 있다는 걸 생각해보세요. 그 분들이 고맙다고 제 손을 잡고 악수하고, 껴안고 하시는데 큰 감동을 받아요."

기부활동을 할 때에도 그는 결코 뒤로 빠지는 법이 없다. 5천 벌이 넘는 신상품을 시즌마다 손수 점검하듯이 기부할 때도 반드시 현장을 직접 찾았다. 이런 현장제일주의자의 원칙이 그가 펼쳐온 각종 봉사활동의 원동력으로 보였다. 돈만 내고, 얼굴도 모르는 세상의 누군가가 도움을 받았겠거니 하고 자기만족에 빠지는 것이 아니라 그 사람과 직접 대면하고, 그 삶의 현장을 직접 느끼고, 스킨십을 나누는 것은 그가 기업을 성장시켜온 방식과 다르지 않아 보였다. 원단과 단추를 만지던 섬세한 손끝으로, 디자인부터 박음질까지 직접 체크하던 꼼꼼함으로, 기부의 현장에서도 그는 사람들과 만나고 어려운 사람들의 마음을 직접 챙기고 있었던 것이다.

저 혼자 얻은 게 어디 있어요?

전쟁 통에 그의 고향에서는 많은 사람들이 한날한시에 떼죽음을 당해 온 마을 제삿날이 한날로 몰릴 정도였다. 어려운 시절이었지만 그의 부모님은 그래도 고향에서 밥술 정도는 먹을 수 있는 형편이었다고 한다. 박순호 대표의 아버지는 집에 구걸하러 들어온 거지가 있으면 한 번도 내쫓는 법이 없이 같이 겸상을 했다.

"저희 아버지, 어머니가 그렇게 베푸는 걸로 동네에서 소문난 분들이었어요. 많이 배워서 특별한 철학이 있는 것도 아니고 그냥 농사짓는 평범한 농부이신데도 있으면 다 퍼 주셨어요. 그걸 보고 자란 거죠. 어머니는, 겨울에 거지들이 오면 옷을 주시기도 하셨어요. 어려울 때는 우리도 쌀밥을 못 먹었는데 우리 집에 온 거지는 밥을 먹고 갔어요. 그래서 드는 생각이, 아 우리보다 더 못한 사람이랑 많은 걸 나눠야 한다는 것, 이게 진리구나 생각했거든요. 제가 지금 어느 정도 잘살게 됐다면 그런 부모님 은덕을 입은 게 아닌가 해요."

자수성가해서 기업인으로 우뚝 선 뒤에도 부모의 인생관은 그의 가슴속에 원형으로 남아 있었다. 아직 마을공동체가 파괴되기 전의 5, 60년대 우리 시골의 정서를 그는 몸으로 습득한 것이다. 다 같이 고르게 가난하지만 못사는 사람은 좀 나은 사람이 돕고 살아야 한다는 마을공동체 정신이 그의 가슴속에 살아 있었다. 그의 이야기를 들으면서 지금 우리 사회에 필요한 것은 무조건적인 '글로벌 스탠다드'가 아니라 어쩌면 '오래된 미래'라고 하는 우리 옛 공동체의 가치를 회복하는 일이 아닐까 싶었다.

"전 제가 똑똑해서 지금의 것을 얻었다고 생각해본 적 없어요. 주변 사람들이 음양으로 도왔기에 재물을 얻은 거죠. 만약에 고객들이 저희 상품 안 사주셨다면 저희가 어떻게 지금의 세정이 되었겠어요? 그분들이 다 제 동업자나 마찬가지죠. 그걸 그냥 얻은 것처럼 저 혼자만 가지면 안 되잖아요. 사업도 그래요. 서울로 가면 기업하기 더 좋죠. 하지만 부산에서 제가 지금까지 성장할 수 있었잖아요? 그러면 부산 사람에게 보답해야죠. 돌려줘야죠."

기부라는 햇볕이 외투를 벗길 때까지

박순용 회원

골프 대신 기부, 얼마나 좋아요?

기부가 훌륭한 행동이라는 걸 모르는 사람은 없다. 쉽지 않을 뿐이다. 고생해서 성공한 사람에게는 더욱 그럴 수 있다. 인천의 또 다른 아너 소사이어티 멤버인 박순용 회장은 자신이 봉사와 기부활동을 하게 되기까지 갈등했던 상황을 솔직 담백하게 털어놨다.

"제가 라이온스클럽 인천 지구 총재를 몇 년 했어요. 총재 하기 전에 갈등을 꽤 느꼈어요. 라이온스클럽 총재라는 게 한 3년 거의 몰입해서 봉사해야 하는 자리거든요. 그런데 제 개인생활도 있고, 사업도 걸리고, 또 제가 골프도 쳤거든요. 봉사를 시작하면 골프를

칠 시간도 없어지겠더라고요. 솔직한 마음으로 갈등이 있었죠. 하하."

박순용 회장은 폐차사업을 시작한 뒤 4년째 되던 86년에 처음으로 봉사단체인 라이온스클럽에 들어가서 지금까지 활동을 계속했다. 당시 라이온스클럽 회원들은 보통 50~60대로, 지역사회에서 나름대로 확실하게 자리를 잡은 중견들이 많았다. 그는 젊은 나이에 개인적인 약속도 미루고, 그런 어른들과 함께 오랜 세월 봉사를 해왔다. 총재 자리가 돌아왔을 때는 겁도 나고, 무거운 책임감도 느끼고, 이제는 조금 편하게 지내고 싶다는 생각도 들었다.

"고민하다보니 어느 순간에 골프 뭐 1, 2년 한시적으로 안 친다고 해서 문제가 될게 뭐 있나, 그런 생각이 들더라구요. 봉사를 아무 때나 할 수 있는 게 아니고, 내가 제대로 봉사를 할 수 있는 기회인데, 이런 걸 피한다는 것은 나만 혼자 살려는 이기주의 아니냐. 곧바로 골프 모임은 깨졌지만 마음속에선 잘했다는 생각이 들었어요. 봉사도 기회가 돼야 하는데, 이런 기회를 마다하면 너무 나만 즐기고 나만 여유 가지고 사는 거죠. 그래서 총재를 맡았어요. 하고 나니까 힘들었지만 마음이 편했어요. 그러다가 총재 자리를 내려놓고 다시 들었던 생각이 그럼 내가 기부와 봉사를 외면하려는가, 싶더라고요. 고향(전북 정읍) 대소사에는 조금씩 힘닿는 대로 꾸준히 제 몫을 해왔으니까, 이젠 저와 전혀 개인적인 인연이 없는 세상 사람들에게 크게 한번 '쏠' 때가 됐다는 생각도 들고요. 그래서 고민 끝에 아너 소사이어티에 가입했죠."

쉽지 않았던 인생 이야기

박순용 회장은 육 남 이 녀 중 셋째 아들로 태어났다. 지역에서는 중농 정도의 수준이었지만 비가 오지 않으면 한 해 농사를 접어야 하는 천수답이 대부분이었던 까닭에 박순용 회장은 일찍이 돈을 벌겠다는 결심을 하게 되었다고 한다. 공수부대 하사관으로 5년을 복무하고 나온 1980년, 인천에서 '고물상'을 하던 동생에게 합류하게 되면서 그의 '폐차사업' 인생이 시작되었다.

"그러니까 당시에는 폐차장이라는 개념 자체가 없었던 때였고, 고물상에서 폐차를 같이 하던 시절이었죠. 그래서 제가 직접 절단기 잡고 일했고, 시커먼 작업복 입고 은행에 뛰어가곤 했어요. 그러다가 차츰 아시안게임, 올림픽 무렵부터 폐차사업이 제도권으로 흡수되면서 대형화되었죠. 예치금 5천만 원에, 5천 평방미터가 넘는 땅이 있어야 허가를 내준다는 거예요. 애가 탔죠. 내가 뭐라도 해야겠다 해서 혼자서 인천 전역을 뒤지고 다녔죠. 그래서 찾아낸 게 폐염전이에요. 그런 땅은 아무도 눈여겨보지 않을 때였지요. 그런데 나는 감이 오더라구요. 이 땅이면 되겠다. 지금은 40명이 넘는 직원에, 1년에 8천 대의 폐차를 처리하는 국내 상위권의 폐차사업소가 됐어요."

봉사 도장도 어릴 때부터 많이 받아봐야

그렇게 악착같이 번 돈을 남을 위해 쓰려면 남다른 각오가 필요할 것이다. 박순용 회장을 기부로 이끈 동력이 무엇인지 궁금해서 의자를 당겨 앉았다.

"전 이렇게 생각합니다. 요즘 우리나라도 학생들한테 봉사 도장 받기 이런 것 시키잖아요? 사회봉사를 훈련시키는 건데. 전 이런 게 아주 어려서부터 자연스럽게 익숙해져야 하는 것이라고 봐요. 제 나이 대 주변 사람들만 해도 이런 봉사활동이나 기부, 나눔문화를 멋쩍어 하는 사람들이 있어요. 당연하죠. 한 번도 안 해봤는데 왜 멋쩍지 않겠어요. 고기도 먹는 사람이 잘 먹는다고. 봉사도 마찬가지라고 봐요. 해본 사람들은 하다보니 행복도 느끼고 맛도 알아요. 안 해본 사람들은 망설이다 끝나버려. 그렇게 된다고 봐요."

길거리를 지나면서, 지하철 안에서, 시각장애인이 바구니를 들고 지나칠 때면 그 장면을 편안하게 보는 사람들은 거의 없다. 동전을 넣어야 하나, 말아야 하나 고민이 찾아오는 것이다. 바로 이

때, 봉사를 해본 사람은 손이 움직인다. 마음이 그 뒤를 따라간다. 한 번 이 과정이 자연스럽게 반복되면 다음은 더욱 쉽다. 하지만 봉사나 기부의 경험이 없는 사람들은 뭔가 쑥스럽고, 망설이게 된다. 마음을 먼저 들여다보다가 때를 놓치고서는 행동으로 옮기지 못한다. '에이, 다음에 하지 뭐' 하는 심정으로 그 자리를 떠나게 되는 것이다.

"우리나라가 앞으로 해결해야 할 사항이 복지 쪽으로는 세 가지예요. 첫째, 돈이 없어도 아프면 치료받을 수 있게 하는 것. 둘째, 나이 먹고 늙어도 기본적인 생활수준이 되도록 지원하는 것. 셋째, 고등학교까지는 무상으로 교육을 받을 수 있도록 해야 한다는 것. 우리나라가 OECD 국가 중 자살 1위 국가라고 하잖아요. 비극 아닙니까?"

박순용 회장은 사업하는 짬짬이 사회복지학 석사를 마쳤다. 맨손으로 출발해 폐엽전을 메워서 폐차사업소를 키워낸 것처럼, 기부도 돈만 내고 끝낸 게 아니라 공부를 해서 내실을 다졌다. 그가 폐차장에서 땀 흘리며 번 돈이 수많은 사람들에게 따뜻한 밥 한 끼, 포근한 옷 한 벌이 됐다.

평생 사람을 돕다가 생을 마치렵니다

이금식 회원

베트남전에서 맞은 결정적 순간

이금식 한진종합건설 회장은 군대를 두 번이나 다녀온 사람이다. 원래 해병대를 만기 제대했지만 다시 베트남전에 참전했다. 전쟁터로 나가서 소식이 끊어진 자신의 동생을 찾기 위해서였다. 결국 동생을 찾아서 앞서거니 뒤서거니 귀국할 수 있었지만 지금도 이금식 대표는 베트남전을 떠올리면 잊혀지지 않는 순간이 많다. 자신의 동료가 바로 옆에서 총에 맞아 쓰러져 죽는 것을 무수하게 봤다. 습하고 더운 밀림을 헤치고 이동할 때면 자신도 어느 순간 허무하게 인생을 마감할 수 있다는 두려움에 떨었다. 하지만 전쟁터에서도 따뜻한 순간, 애틋한 순간은 있었다. 이금식 회장은 당시 포로수송부대의 일원으로 전장에 갔다가 베트남 여인이 어린아이를 안고 울고 있는 장면을 목격하게 된다. 사람이 생애에서 한 번은 '결정적인 순간'을 맞게 된다면 아마도 그 순간이 이금식 회장에게는 결정적인 순간이리라.

"베트콩의 가족들은 모두 사살하게 되어 있었거든요. 그런 사람들만 모아서 이동을 시키고 있는데, 그중에서 베트남 여인 한 명이 아이를 안고 있었어요. 그런데 힘없이 축 쳐진 아이를 안고 어찌나 울고불고 야단인지. 제가 물었죠. 말도 안 통하지만 손짓 발짓 섞어서요. 왜 이렇게 우느냐. 그러니까 그 여자 대답이 아기가 배가 너무 고픈데, 젖이 안 나오니까 이렇게 운다. 그러는 거예요. 아, 탄식이 절로 나오더라구요. 제가 그 자리에서 보급 받은 씨레이션을 풀어서 그 여자에게 다 주었어요. 제가 가진 물도 줬죠. 거긴 밀림이라서 아무 물이나 그냥 먹으면 바로 죽어요. 그래서 깨끗한 물을 하루에 한 번씩 보급 받았는데, 그것도 준 거죠. 한참 지난 뒤에 다시 그 여자한테 가니까 이번에도 여자가 엉엉 울고 있는 거예요. 그래서 또 물었죠. 왜 그러냐. 왜 또 우느냐. 젖이 잘 나와서 아기가 먹는 모습을 보니까 기뻐서 우는 거래요. 음식 먹은 지 얼마 됐다고 벌써 젖이 돌아서 나왔겠어요. 그런데도 그런 기분이 드니까 고마웠던 거겠죠. 저도 그만 돌아서서 울게 되더라구요."

말도 안 통하는 적국 부녀자의 눈물을 그는 평생 기억에 간직했다. 후에 이금식 회장은 직속상관에게 간청해서 그 여인이 포로로 분류되도록 해주었다. 포로로 분류되면 그래도 목숨을 보장받을 수 있었기에 그렇게라도 도움을 주고 싶었던 것이다. 이금식 회장은 지금도 그때의 그 여인과 아이가 잘 살아가고 있을 거라고 믿고 있다. 이금식 회장이 기부와 나눔에 눈을 뜬 것은 바로 이때부터였다. 하지만 그가 직접 자신의 뜻을 실천에 옮기기에는 더 많은 우회로가 필요했다. 귀국 길에 오른 그에겐 가시밭길이 기다리고 있었다.

열차 선로를 베고 눕다

베트남전에 다녀온 뒤, 그는 한동안 떵떵거리면서 살았다. 모아온 돈으로 배를 샀고, 선주가 되었다. 초창기에는 많은 돈을 벌었다. 그런데 암초에 배가 난파되어 가라앉으면서 이금식 회장은 한꺼번에 모든 것을 잃게 된다. 빚더미에 올라앉았다. 막노동으로 하루하루를 버텨나가는 나날이 계속되었다. 그때부터 인생의 내리막길이었다. 좀처럼 변화의 기운은 나타나지 않았다. 그러다가 같이 막노동을 하는 동료에게 도둑으로 오해를 받는 일까지 벌어졌다. 그때까지 쌓였던 스스로에 대한 실망과 전망 없는 삶에 대한 고통이 그를 극한으로 몰고 갔다.

"정말 떠올리고 싶지 않은 기억이죠. 죽겠다고 유서를 써놓고 울산역 철로로 나가서 철로를 베고 누운 거예요. 저기서부터 기차가 서서히 들어오는데, 목소리가 들리더라고요. 어디선가. 너는 죽으면 끝이지만 네 아내와 아이들은 어떻게 할 것이냐. 그 불쌍한 사람들을 네가 그렇게 쉽게 버릴 수 있겠느냐. 너 편하려고 그렇게 먼저 가버리면 어떡하느냐. 그런 목소리였어요. 정신이 번쩍 들더라고요. 그 길로 뛰듯이 집으로 돌아왔어요. 베개 밑에 넣어놨던 유서를 꺼내다가 혼자서 연탄불에 태워버렸어요. 그때가 제 나이 서른여덟이었습니다."

다시 기운을 차린 이금식 회장은 열심히 일을 해서 돈을 모았다. 그렇게 모은 돈으로 동네에 작은 구멍가게를 열었다. 신기할 정도로 장사가 잘됐다. 근처 섬유회사에서 야근하는 직공들에게 아이스케이크를 팔았다. 밤낮없이 일을 하니 3년 만에 더 큰돈이 모였다. 그 돈으로 그는 이번에는 식당을 열었다. 추어탕을 전문으로 파는 식당이었는데, 그는 배달을 담당하고 그의 아내가 음식을 만들고 가게를 꾸려나갔다. 역시 열심히 일한 만큼 돈을 모을 수 있었다. 얼마 후, 이금식 회장은 가게를 아내에게 맡기고 유리 장사를 시작했다. 해병대 후배가 기술을 가르쳐줄테니 유리 도매가게를 내보라고 권한 것이다. 수많은 유리를 깨먹고, 손을 긁히면서 유리 기술을 배웠다. 유리 가게가 알루미늄 가게로 넓어졌고, 그 다음에 설비 일을 시작했고 전기 일까지 도맡아 하게 됐다. 그렇게 해서 마침내 지금의 한진종합건설을 창업했다. 새옹지마라고나 할까. 쉽게 희망을 잃지도, 삶을 포기하지도 말아야 한다는 것을 바로 이금식 회장의 인생이 우리에게 증명해준 셈이다.

열심히 번 돈 열심히 기부하겠다

회사를 키운 이금식 회장은 회사를 장남에게 물려주고 이제는 일선에서 한발 물러난 상태이다. 그는 물러나면서 받은 퇴직금과 저축해둔 돈을 모아 '경암문화장학재단'을 설립, 공부에 뜻이 있지만 형편이 어려워 학업을 더 하지 못하는 학생들을 지속적으로 돕고 있다. 또한 그는 아너 소사이어티 울산 2호 회원이다. 사회복지공동모금회에는 꾸준히 기부를 해왔고, 아너 소사이어티에 가입하기 전에 이미 그가 기부한 돈은 2억 3천여 만 원에 달한다. 그에게 기부가 어떤 즐거움을 주느냐고 물었다. 그는 돈이 어떤 즐거움을 주는지부터 이야기했다. 안락해서 좋다는 차원이 아니었다.

"돈이라는 게 상당히 좋죠. 사람을 죽게 할 수도 있는 거고, 생명을 구할 수 있는 게 돈이라고 생각합니다. 때로는 그런 생각도 많이 해봐요. 어떤 때는 정말 저 아무것도 아닌 종이 때문에 사람이 죽고 살잖아요. 돈의 힘이고, 능력이다."

그는 숨을 고르고 다음 말을 이어나갔다.

"그런데 봅시다. 정말 그 죽이고 살리는 힘을 갖고 있는 돈이라면, 좀 좋은 자리에 가져다 놓아서 좋은 일을 위해 쓰면 얼마나 좋겠느냐는 거죠. 돈이 위대하다면, 그런 곳에 쓰임으로써 위대해지는 거 아니겠습니까."

맞다. 그의 말이 맞다. 이 위대한 돈을, 애써 폄훼하면서도 사람들은 끊임없이 욕망한다. 그 욕망을 솔직하게 인정하는 대신 관심 없는 척 가식을 부리기 일쑤다. 어쩌면 이금식 회장처럼 돈 때문에 극한적인 고난을 겪어본 뒤에라야 돈에 대해 솔직해질 수 있는지 모른다. 돈의 가치를 일단 제대로 인정하고, 그 다음에 그것을 어떻게 벌고 쓸 것인가에 대해 깊이 고민해야 하는지도 모른다.

그는 옳지 못한 방법으로 부를 축적하거나, 큰 부자이면서도 돈을 제대로 쓸 줄 모르는 사람들을 좋아하지 않는다. 얼마 전 한 지인이 그에게 와서 자기가 어디에 땅을 얼마를 샀는데 여기가 상업지구로 지정이 되면 큰돈을 벌 수 있다며 투자를 권했다. 이금식 회장이 평소 좋은 일을 많이 하니까 일부러 좋은 정보를 준다며 생색도 냈다. 하지만 그는 단호하게 거절했다고 한다.

"안 한다, 너나 해라, 그랬어요. 그런 돈 벌어가지고 좋은 일 하고 싶지는 않아요. 차라리 돈이 없는 게 낫죠, 그럴 바에는."

이제 회사도 장남에게 넘겨줬고, 가지고 있는 것이라고는 경암문화장학재단 이사장 직함 하나. 그러나 그가 현재 가장 자랑스럽게 생각하는 직함이다. 그는 얼마 전에 자식들을 모아놓고 이미 다짐을 받은 바 있다. 그 옛날, 철로를 베고 누워 죽음을 결심했을 때의 심정을 떠올리며, 베트남 여인에게 자신의 군용식량을 나누어 주며 여인과 아이를 동시에 살렸던 때의 기억을 떠올리며, 다음과 같이 말했다고 한다.

"가족들에게는 이미 말했어요. 아버지가 죽을 때까지 없는 사람 도와주고 돈 없어서 공부 못하는 학생들 장학금 줘가면서 내 일생 마치고 싶어 그랬지요. 나는 죽을 때까지 일생을 그렇게 살다가 조용히 막을 내리겠습니다. 그게 내 마지막 남은 꿈이에요."

최고의 기부는 사랑과 관심이다

안진공 회원

자신의 일에서 인생의 가치를 찾아라

안진공 김해미치과 원장은 자신의 집에 가난한 이가 쌀을 빌리러 오면 쌀만 주지 않고 먹던 반찬도 나누어 줄 사람이다. 그는 처절하게 배고파봤다. 먹는 것이 주는 고통과 즐거움의 양면성을 모두 안다. 나고 자란 판자촌이 그에게 가난의 고통을 가르쳤다.

"친구라는 영화 보면 주인공 유석이가 재판정에 서요. 판사가 본적이 어디냐 물으니까 부산시 남구 우암동 189번지라고 그러는데, 저 거기서 태어났습니다."

게딱지 같은 지붕이 다닥다닥 붙어 있는 골목길에서 그는 자랐다. 친구들이 산 아래 중학교로 갈 때 그는 가정 형편이 어려워 야학을 전전하다 고등공민학교라는 인가도 나지 않은 중학교를 다니며 검정고시로 고등학교에 진학했다. 열아홉 살이 되던 해, 폐결핵을 앓던 그의 아버지가 돌아가셨다. 초등학교도 제대로 못 나온 그의 어머니는 그때부터 혼자가 되었고, 미용기술 하나로 사 남매를 키웠다. 형편이 너무 어려워 막내 여동생을 해외입양 보내려다 너무 울어서 입양을 못 시켰다는 이야기를 그는 허허 웃으면서 털어놓았다. 대학생이 되어서도 기부는커녕 차비와 밥값 걱정할 정도로 힘들었고 불고기라는 것도 본과 3학년 때 처음 먹어봤다. 고생이라면 남부럽지 않을 정도로 했다고, 원도 한도 없이 덤덤하게 털어놓는 그에게 "이젠 의사로 자리 잡고 기부도 하게 되었으니 뿌듯하냐"고 우문을 던졌다. "기부하는 것은 매일 삼시 세끼 밥 먹듯 너무나 당연한 일이라 여겨져 유별나게 기쁠 것도 없다"는 덤덤한 현답이 돌아왔다. 그는 물질적 기부보다는 주변 사람의 관심과 사랑이 더 좋은 기부라고 말했다.

"초등학교 때 수학여행을 가야 하는데 집에 돈이 없으니까 못 가게 되었어요. 그때 동사무소 동장님이 수학여행비를 내줬지요. 돌이켜보면 그때 동장님이 저에게 줬던 게 수학여행비라는 '돈'의 의미보다는 희망의 끈이었구나, 관심이었구나, 하고 생각하게 됩니다."

한때는 그도 지금과 달랐다. 돈이 생기면 남한테 기부할 생각보다는 어떻게 하면 나도 한번 편하게 살 수 있을지 먼저 생각했다. 하지만 이상하게도 마음은 편치 않았다. 휴일도 없이 열심히 일한 덕에 어마어마하던 빚도 다 갚았지만 자신이 돈을 위해서 치과 일을 하는 것인지 아니면 인생의 참된 의미를 찾기 위해 치과 일을 하는 것인지 헛헛한 느낌이 가시지 않았다. 98년 김해시 보건소에서 근무했던 인연으로 독거노인 치과 치료와 정기적으로 소액 후원을 하게 됐다. 바로 그때 그는 자신의 오래 묵은 고민을 해결할 수 있었다. 치료를 받은 이들이 자신에게 '고맙습니다', '감사합니다'라는 말을 건넬 때 생전 느껴보지 못했던 벅찬 감정이 가슴속에서 고여들었다.

사랑은 전염병이다

"기억나는 고마운 사람이요? 제가 새마을중학교라고 다닐 땐데요. 그 당시에 어느 대학교 학생이었는지는 모르겠어요. 굉장히 성실했어요. 이름도 기억 안 납니다. 그때는 고맙다 이런 생각도 없었습니다. 그 선생님이 너희는 공부해야 된다, 이런 이야기를 해주셨어요. 뭐가 되든, 어찌 됐든 공부는 해야 된다. 다행스럽게도 저는 공부가 재미있었어요. 제일 마지막에 공부하러 갔던 곳이 당리동에 있었는데, 회수권을 먹을 걸로 바꿔 먹을 수가 있었으니까 걸어서 집에 오는데 딱 세 시간 걸리더라고요. 집에 오면 밥 한 숟갈 뜨고 바로 푹 잤죠. 그렇게 공부했어요."

그는 누구라도 우리가 함께 사는 이 사회에서 버려진 느낌을 가지게 해서는 안 된다고 생각한다. 그는 거창한 철학이 있어서 기부를 하는 게 아니다. 소외되고 버려진 느낌을 갖는 사람이 우리 사회에서 없어지길 바라는 마음에서 자기가 할 수 있는 일을 한다고 했다. 항상 공부하라고 일러주었던 새마을중학교 대학생 선생님, 수학여행비를 대준 동장님, 과자 훔쳐 먹어도 눈감아줬던 가게 주인. 그들은 뭔가 특별하지도 않았고 신문에 나올 대단한 일을 하지도 않았다. 하지만 그들은 안 원장에게 사랑과 관심을 주었던 사람들이기도 했다. 치과의사가 된 그가 매주 은혜학교에 가서 아이들의 입안을 봐주는 것도 사실은 치과 치료 이상의 의미가 있는 셈이다. 그는 그것을 사랑과 관심이라고 말했다.

"너에게 내가 뭔가 힘이 돼준다. 너의 옆에 내가 있다. 비록 많은 것을 주진 못하지만 그래도 너를 지켜보고 있다 내가. 그렇게 해줄 때 상대가 힘이 솟죠. 등산을 가더라도 밤에 혼자 가면 얼마나 무서워요. 그런데 누가 옆에 있어서 손전등이라도 같이 비춰주면서 라디오 음악이라도 뒤에서 켜주면 덜 무섭잖아요."

기부 십일조

그는 한 달에 자신이 버는 돈의 7퍼센트 이상을 꼬박꼬박 기부한다. 한꺼번에 많은 돈을 내는 것도 대단한 일이겠지만 매달 일정액을 빠지지 않고 내는 일이 더 힘들다는 것은 기부를 해본 사람이라면 누구나 안다. 우리는 누구나 인간이고 돈은 다들 아깝기 때문이다.

"저는 교회 사람들이 교회에 십일조 낸다고 해서 그날 호주머니에 있는 돈의 십 분의 일을 내는 건 줄 알았어요. 근데 그게 아니라 소득의 십 분의 일을 낸다는 거예요. 우와, 하고 깜짝 놀랐어요. 물론 나중에 알아보니 십일조 내는 사람이 극히 드물더라고요. 그래서 아, 저 십일조라는 게 쉽지가 않은 거구나 하고 느꼈어요. 그래 그러면 내가 기부로 그걸 한번 해보자 하고 목표를 세웠어요."

그는 스스로 부자 될 마음도 없고 부자 될 관상도 아니라며 웃었다. 대학 다니는 딸이 "기부할 돈, 나도 나눠달라"고 한 적이 있다. 그는 "아빠 재산에는 손 댈 생각도 하지 말라"고 정색을 했다. 그는 부처님처럼 귀가 크고 두툼하다. 가족에게도 아너 소사이어티 들어갔다는 얘기를 안 했는데 어느 날 그의 딸이 친구에게 잘생긴 아빠

귀를 자랑하려고 아버지 사진을 인터넷에서 검색하다 아버지가 기부한 사실을 알고 부랴부랴 엄마에게 알렸다. 그 딸이 애교를 부리며 돈을 달라고 해도 그의 태도는 단호하다.

"지금도 부자는 아니지만, 앞으로도 부자가 될 마음은 없고요. 그것보다는 조금 더 가치 있는 일을 해보고 싶다는 생각은 하죠. 궁극적으로 나중에는 사회적 기업을 해보자 싶어요. 돈에는 관계없이, 어떻게든 내가 좋아하고 잘할 수 있는 이 진료라는 일로 말이죠."

그는 돈을 남자들 양복 주머니에 비유한다. 앞주머니에다 뒷주머니 두 개 게다가 안주머니며 동전주머니까지 여기저기 주머니에다 이것저것 넣다보면 끝이 없는 것이기에 그렇다.

"돈이라는 거 굉장히 거추장스럽잖아요. 만약에 주머니가 없었으면 얼마나 홀가분했겠어요. 주머니가 많다 보니까, 여기도 넣고 싶고, 저기도 넣고 싶고, 지키고 싶고."

안 원장이 수십 년 치과 일을 하면서 얻은 결론은 이렇다. 일이란 결국 돈이 목적이 아니라 사람과 사람이 관계를 맺어가는 것이어야 한다고. 무료로 치료해준 아이가 환한 이를 드러내고는 방긋방긋 웃으며 찾아올 때 그는 최고로 행복하다고 했다.

2장 아껴서 하는 기부의 맛

공감의 기부학

장복영 회원

뛰어난 공감의 능력

심리학자들은 '동정'과 '공감'이 다르다고 한다. 동정과 공감 모두 타인의 곤궁에 깊이 아파하는 감정이라는 점은 같다. 하지만 동정이 상대보다 더 높은 위치에서 타인의 어려운 형편을 가엾게 내려다보는 감정이라면, 공감은 상대와 나란히 서서 상대의 고통을 똑같이 느끼는 감정이다. 백양산업의 장복영 대표는 '공감'의 능력이 뛰어난 사람이었다.

"제가 일 때문에 부산에서 서울 김포로 이동하면서 '지금은 라디오 시대'를 자주 들어요. 최유라 씨하고 조영남 씨가 하는 프로인데, 일주일에 한 번씩 어려운 사람을 소개하고 도움을 청하는 코너가 있어요. 그걸 들으면 그렇게 눈물이 나는 거예요. 마지막에 도움을 줄 수 있는 계좌번호를 불러주는데, 바로 다음 날 은행으로 달려가서 참여를 해요. 하루가 지나고 이틀이 되면 안 되죠. 다음 날 바로 해야 돼요. 제가 어려울 때는 다른 사람한테 말해서 소개해주기도 하고. 그게 제 첫 기부였죠."

어려운 사람들의 이야기를 들으면 마음이 아픈 게 인지상정이다. 그걸 즉시 행동에 옮기는 사람이 드물 뿐이다. 장복영 대표가 바로 그랬다. 어려운 사람들의 이야기를 들으면 늘 그렇게 도움을 주느냐는 말에 장복영 대표는 최유라 씨가 워낙 감성이 묻어나게 사연을 잘 소개하기 때문이지 자신이 무슨 거창한 힘을 보태는 것이 아니라고 손사래를 쳤다. 하지만 이어지는 이야기를 들어보니, 유별난 사람은 역시 그였다.

"제가 자주 가는 국숫집이 있어요. 몇 달 전에도 아내랑 국수 먹으러 가서 우연히 거기 있던 부산일보를 펼쳐 보게 됐죠. 근데 거기 '사랑의 징검다리'라는 기사가 있더라고요. 기사를 보니깐 거기 소개된 애가 초등학생인데 부모님은 다 돌아가시고 할머니랑 산다는 거예요. 공부도 잘하고 착한 아이인데 살던 월셋방은 철거가 될 형편이고, 이사를 가야 하는데 무슨 돈이 있겠어요. 그래서 성금을 모은다는 거였는데 제가 바로 아내에게 그 기사를 보여주면서 우리가 뭐라도 도와야 하지 않겠나 말했죠."

기부는 마음먹은 순간 바로 해야 한다

하지만 공교롭게도 그날은 일요일이었다. 이런 일이 생기면 곧바로 행동에 옮기는 장복영 대표이지만 평소 카드를 거의 안 쓰고 은행을 이용해서 직접 돈을 송금하고 인출하는 습관을 가지고 있는 터라 어쩔 수 없이 월요일이 되기만을 기다렸다고 한다. 그래서 월요일이 되자 바로 은행으로 달려가서 신문에서 오려두었던 계좌번호를 은행 직원에게 건네주며 여기로 돈을 보내 달라, 부탁했다. 평상시에도 셀 수 없는 선행으로 장복영 대표를 익히 알고 있던 은행 직원이 "대표님, 이 정도 기사가 났으면 조금 적게 보내셔도 됩니다. 다른 데서도 많이 도움이 올 거예요" 하고 말렸다. 장 대표는 "아무 말 말라"면서 원래 보내고자 했던 돈을 그대로 송금했다.

벌써 20년 전부터 해마다 일정한 돈을 구세군 냄비에 연례행사처럼 기부해온 그다. 어느 해인가는 조금 늦게 구세군 냄비를 찾았는데 그만 구세군 냄비가 철수를 해버려서 돈을 못 넣은 일이 있다. 그는 그때 일을 떠올리며 "그러니까 도울 마음이 들었을 때 기회를 놓치지 말고 바로바로 도와야 한다"고 했다. 은행으로 송금할 수 있는 방법이 있다는 것을 모르던 시절이었고, 그래서 바로 다음 해, 못

넣은 돈까지 합쳐서 두 배의 돈을 구세군 냄비에 넣었다. 아너 소사이어티에 가입한 것도 거창한 각오의 소산이 아니라 '내가 할 수 있는 일은 바로 한다'는 오랜 습관의 소산이었다. 2010년 1월, 아너 소사이어티에 대한 심층기사가 조선일보를 통해 소개될 때, 출장 가는 비행기 안에서 그 기사를 봤다.

"그때 제 기억에 열아홉 명인가 스무 명인가 밖에 회원이 안 된다는 거예요. 우리나라가 이정도 밖에 안되나, 하는 생각이 들었죠. 그래서 서울 도착해서 밤에 바로 '사랑의열매'에 전화를 했어요. 내가 1억 기부를 하겠다. 그래서 다음 날 갑자기 아너 소사이어티 공식 행사에 참석하게 된 거예요."

하지만 막상 행사에 참여는 했지만 널리 알려지는 것이 부끄러워 그는 도망치듯 행사장을 빠져나왔다. 회사가 있는 김해공항에 도착했을 때, 뒤늦게 기자들 전화를 받아 백양산업이 무슨 회사이며, 그가 어떤 일을 하는 사람인지가 알려지게 되었다. 백양산업은 경남 김해에 본사를 두고 아이들을 위한 일회용 기저귀를 만드는 튼실한 중견 기업이다. 대표 브랜드인 백조기저귀는 아기 엄마들은 물론 많은 산부인과와 산후조리원에서 쓰이고 있다.

아이들이 곱게 자랐으면

장복영 대표는 어릴 때 홀어머니 밑에서 자랐다. 그래서일까. 그가 특히 마음이 쓰이는 것은 힘들게 사는 아이들이다.

"애들은 새싹이잖아요. 그 아이들이 좀 더 곱게 자라면 얼마나 좋아요. 그래서 제가 아이들 사연에 더 관심이 많고, 또 일도 아이들을 위한 사업을 하는 건지도 모르겠네요."

장복영 대표가 어려운 처지의 사람들에게 쉽게 공감하고, 성실하게 그들을 돕는 것은 결코 풍족해서는 아니다. 그는 사업을 성공시키기 위해 매진하던 어려운 시절의 기억을 생생하게 갖고 있었으며 지금도 여전히 그 시절의 근검절약 정신으로 살아가고 있다. 그는 빈방에 전기 불이 켜 있으면 일부러 뛰어가서 꺼야 마음이 편한 사람이다.

장복영 대표는 남한테 자신의 선행이 알려지는 것이 자랑스럽다기보다는 오히려 쑥스럽다고 했다. 자신보다 훨씬 더 오래, 그리고 더 많은 기부를 하는 사람도 많은데 자신이 나서서 알려지는 것은 옳지 않다는 생각을 그는 갖고 있다.

"기부라는 게 그래요. 그냥 내가 하고 싶어서 하는 거고. 하면 내가 기분 좋고, 그런 것밖에 없어요. 다른 의미는 없어요. 저는 그래도 밥은 먹고 살잖아요. 제 자식들은 그래도 어렵지 않게 공부도 시키고 했어요. 어렵게 사는, 특히 그런 아이들을 보면 좌우간 밤에 답답해서 잠이 잘 안 와요."

1억 기부하러 지하철 타고 1시간 40분을 가다

구재서 회원

한 끼라도 배불리 먹는 것이 소원인 세대

아너 소사이어티 회원들 중에는 기부금 1억 원은 전혀 아까워하지 않으면서도 100원짜리 하나도 허투루 쓰지 않고 아끼는 사람들이 많다. 특히 지독한 가난, 한국전쟁 후의 폐허라는 현대사를 온몸으로 겪으며 모든 것이 부족하기만 했던 유년시절과 젊은 시절을 통과해온 세대라면 더욱 근검절약의 정신이 투철하다. 이 세대에게는 아낀다는 것은 선택의 문제가 아니라 생존을 결정짓는 문제였기 때문이다. 하지만 이렇게 형성된 절약 정신은 평생을 좌우하는 삶의 태도가 되었다. 2011년 아너 소사이어티의 마흔네 번째 회원이 된

구재서 전 광무극장 대표가 바로 이 세대를 대표하는 사람이다.

“우리 때는 뭐 깡보리밥이 전부였지요. 그것도 밭일하고 돌아온 여름에는 쉬어버리기가 일쑤였는데 그러면 그걸 또 물에 빨아서 건져 먹었어요. 반찬은 풋고추에 된장이 전부였습니다. 그것도 없을 때는 나무뿌리 삶아서 콩고물에 묻혀 먹기도 했어요. 목숨만 부지한 거지요. 온 가족이 달려들어서 죽어라 농사를 지었는데도 그렇게 먹을 게 없었어요. 제일 어렵게 산 세대가 아닌가 싶어요.”

지금의 젊은 세대들이 들으면 그야말로 호랑이 담배 피우던 시절의 이야기인가 싶을 정도의 기억이다. 밥을 물에 ‘빨아서’ 먹는다니! 그러나 불과 한 세대 전까지 한국의 많은 농촌에서 수많은 아이들이 그렇게 굶주리고 살았다. 아이들은 아주 어렸을 때부터 집안 농사를 거들어야 했고, 학교에 가는 건 사치에 불과했다. 당장 먹고 사는 일이 그만큼 급하고 힘들었다. 구재서 대표는 열아홉 살 때까지 그렇게 살다가 군대에 자원입대했다. 너무나 배가 고파서 군대에 가면 삼시 세끼 먹을 수 있겠거니 생각했다. 실제로 가보니 세끼를 주기는 했다. 문제는 양이 너무 적었다는 것이다.

“배가 하도 고파서 밤에 잠을 깰 정도였습니다. 힘이 드니까 중도 하차하고 그런 사람도 많았는데, 난 끝끝내 버텼어요. 뭐 하나 시작하면 끝을 보는 그런 성격을 가졌거든요. 그러다가 한국전쟁이 터

졌습니다."

한국전쟁, 그리고 전사 대기조

인민군에 밀려서 후퇴하던 때, 구재서 대표는 상시적인 죽음의 공포에 시달렸다. 목숨은 하늘에 맡기고 천행을 바라며 진흙탕길을 헤쳤다. 뛰고 싶어도 몸에 기운이 없어서 뛸 수가 없었다. 꼭 살아야겠다는 생각보다 제발 총탄이 나를 피해갔으면 하는 생각으로 그 시간을 버텼다고 했다. 총상을 입은 전우가 고통에 겨워 간신히 입을 열더니 '제발 나 좀 빨리 죽게 해달라'고 한 적도 있다. 열악한 사정은 인민군도 다르지 않았다. 인민군 포로를 보면 나이가 스무 살이 넘는 사람이 없었다. 모두 이제 막 열일곱, 열여덟 살이 된 아이들이 대다수였다. 참혹한 전쟁이었다.

"뭐 먹을 거라도 없을까 해서 전사자들 몸을 뒤지다보면 편지가 나와요. 보면 일주일 후에 휴가 나가서 부모님을 만나게 될 그날만을 기다린다, 그런 내용의 편지인 거예요. 죽은 사람이 어떻게 휴가를 나갑니까. 그런 상황이니까 저도 언제 죽을지 모르는 거예요. 소금 친 주먹밥 하나로 하루하루를 간신히 버텼습니다. 군복 한 벌로 몇 달씩 입고 자고, 비 맞아서 젖어다가 말랐다가 한 군복이 나중에는 거의 삭아버릴 정도였어요. 살아 있는 게 아니라 곧 죽을 날만을 기다리는 전사 대기조였죠."

그렇게 전쟁터에서 살아 돌아온 구재서 대표는 육군 준위로 제대를 했고, 화랑무공훈장을 받았다. 아들 셋도 모두 '최소 현역 이상'으로 군복무를 마쳤다.

1억 기부하러 지하철 타고 1시간 40분을 가다

제대 후, 군대에서 만난 인연으로 알게 된 사람이 그에게 소개해준 일이 바로 육군에 피복을 납품하는 일이었다. '대천피복'이라는 회사에서 가장 밑바닥 심부름부터 시작했다. 그러다가 우연히 극장 일을 시작했고, 대왕극장을 거쳐서 왕십리의 광무극장을 인수하기에 이르렀다. 68년부터 90년까지 20여 년을 넘게 극장의 대표로 살았다. 그러다가 대표 자리를 물려주었고, 2000년도 초반 왕십리 뉴타운 개발로 이주비를 받으면서 그의 극장 인생도 막을 내리게 된다.

"한국전쟁 때 제가 이렇게 여러 번 죽을 뻔하고, 몇 해 전에도 병이 깊어서 방사선 치료를 받았는데 그때도 죽다 살아났어요. 남은 생에 조금이라도 값어치 있는 일을 하고 죽어야 하는 거 아닌가 싶던 찰나에 이주비가 나왔어요. 그래서 좋은 일 좀 해야겠다고 자식들한테 말하니까 애들이 그럼 서울대학교와 사회복지공동모금회에 기부를 하자고 추천해준 거예요. 고맙죠."

서울대학교에 기부를 하러 갈 때, 구재서 대표는 큰아들과 함께 지하철을 타고 갔다. 세 번을 갈아타고, 1시간 40분이 걸리는 거리였다. 그는 평소 버려지는 전단지가 아까워 메모지로 재활용하는 사람이다. 큰돈 기부하러 간다고 택시 타고 갈 생각은 떠오르지도 않았다. 처음엔 익명으로 기부했다가, '실명으로 하셔야 더 많은 사람이 동참한다'는 사회복지공동모금회의 설득에 실명으로 아너 소사이어티에 가입했다. 지금도 그는 20년 전에 산 양복을 잘 세탁해서 입고 다닌다.

"저는 결혼도 식만 겨우 올리고 살림은 냄비 하나로 시작했습니다. 그러니 지금 내 생활은 너무 발전한 겁니다. 우리나라도, 한마디로 벼락부자가 됐다, 그런 심정이에요. 내가 흥분이 될 정도니까. 아무것도 가진 게 없었지만 열심히 살았어요. 지금도 전 새벽 5시에 일어납니다. 일 년 열두 달 5시에 안 일어나 본 적이 없어요. 5시에 일어나서 13층 계단을 오르내리며 운동합니다."

상가건물 2층에 있는 그의 사무실에는 난을 비롯한 화분이 120여 개나 된다. 구재서 대표가 다른 데는 돈을 쓰지 않지만 꽃을 키우는 일에만 유일하게 돈을 쓰는가 싶었다. 그에게 물어보니 정답은 전혀 달랐다. 그 화분들은 30년 전부터 그가 모두 주워온 것이다. 근처 사무실에서 이사를 하거나 필요 없어서 내다버린 것들을 주워다가 그가 정성을 들여 살렸다. 그는 뒤늦게 기부의 참맛을 알았지만 그런 만큼 가족들에게도 기부의 의미를 알리기 위해 노력하는 중이라고 했다.

"생일에 손자 손녀를 만나면 그런 얘기를 해요. 너희도 용돈 아빠, 엄마가 얼마씩 주지? 그거 오백 원, 천 원 모아서 한 구좌 하기는 어렵고, 너희 셋이 돈을 모아서 삼만 오천 원 그렇게 모아봐. 그러면 유니세프 같은 데 기부할 수 있는 한 구좌가 생긴단다, 하고 말해주죠. 이런 것도 하나의 교육이잖아요? 얘들은 그게 무슨 얘긴지 처음에는 모르죠. 하지만 자꾸 만날 때마다 하는 거예요. 그러면 이런 이야기가 새끼를 치고, 아이들이 모으는 돈도 이자가 붙고. 얘들이 새싹이 되는 거지요. 기부에."

예술가를 후원하는 패트런

박 회장

젊은 시절의 꿈은 콘서트홀을 짓는 것

아너 소사이어티 회원들 중에는 자신의 신분을 드러내기를 극히 꺼리는 사람들이 있다. 자신의 선의가 다른 사람에게 온전히 전달되면 그뿐, 이를 사방에 알리는 것은 어쩐지 부끄럽다고 생각하는 회원들이다. 세상에는 자신보다 더 좋은 일, 훌륭한 선행으로 보이지 않는 곳에서 주변을 돌보는 사람들이 많은데 그런 사람과 견주자면 자신의 기부와 나눔이 아직 한참 못 미친다고 생각하는 이런 회원들은 보이지 않는 곳에서 겸손하고, 또 자유롭게 기부와 나눔을 실천하기를 좋아한다. 더 많은 사람에게 선행을 알려 그 선행이 꼬리에 꼬리를 물고 이 사회에 퍼져나가기를 바라는 회원들의 바람만큼이나 이처럼 신분을 드러내지 않으면서 기부활동을 계속하기를 바라는 회원들 역시 존중받아야 할 것이다. 박 회장(가명) 역시 후자에 속하는 회원들 중 하나. 왼손이 한 일을 오른손이 모르게 하라는 말을 금과옥조로 여기는 박 회장은 기부활동의 일환으로 아너 소사이어티에 가입했지만 그 이전부터 소리 없이 예술가를 후원해오고 있다.

"어느 정도 위치가 되면 누구나 어떤 방식으로 사회에 공헌을 할 것인가를 생각하게 되는 것 같습니다. 저는 이미 오래전부터 예술가들을 후원하고 싶다는 생각을 했어요. 벌써 20년도 전입니다."

젊은 시절부터 예술가를 위한 완벽한 콘서트홀을 짓는 것이 꿈이었던 그는 누구를 어떤 방식으로 후원할 것인지 원칙을 세우고 2004년, 처음으로 이를 구체화시킨 재단을 만들었다. 처음에는 50억 정도의 돈을 출연했고, 이후 더 늘려서 지금은 80억 규모의 기금이 되었다. 예술가를 위한 기부자라니, 정말 흔치 않은 경우였다. 그래서 더욱 그의 말이 흥미를 끌었다. 그와 대화를 나누면서 놀란 것은 그가 아주 오래 전부터 이쪽 분야에 대한 기부와 봉사의 꿈을 꾸어왔다는 사실이다.

"우리 사회에서는 다양한 방식의 기부와 봉사가 많잖아요. 모두 다 의미 있고 소중한 활동인데요, 아쉬운 점은 예술을 후원하는 사회공헌활동은 거의 없다는 거예요. 저는 이런 사회공헌들이 많으면 많을수록 좋다고 생각해요."

그의 말을 더 들어보자. 그가 예술가를 지원하는 방식은 독특하다. 특별한 성과나 결과물을 요구하는 일 없이, 일단 그가 가진 재능과 가능성을 토대로 선정된 최고의 예술가에게 아무런 조건 없는 돈을 후원한다. 수상자를 결정해서 통보하면 수상자들이 박 회장에게 전화를 해서 고맙다는 인사를 전하는데, 그때에도 박 회장은 "내가 뽑은 게 아니니 나한테 고맙다고 하지 말고 심사위원들에게 고맙다고 전화하라"고 권한다. 자기를 드러내지 않는 성향은 이런 부분에서도 발견된다. 중세 유럽의 패트런(후원자)처럼 뛰어난 감식안으로 예술가를 발굴하고, 그들에게 경제적 지원을 해줌으로써 예술가가 지닌 창작의 재능과 결실을 모든 사람과 공유할 수 있게 만들어주는 사람. 이런 박 회장을 '현대의 패트런'이라고 부를 수 있지 않을까.

살면서 가장 짜릿했던 순간

이처럼 예술가를 후원하는 일을 사명으로 생각한 그에게 가장 기쁜 일은 역시 그가 지원한 예술가가 실력을 더욱 쌓아서 주위의 인정을 받게 되는 일이다. 최근 그에게 가장 큰 기쁨을 준 예술가가

한 명 있었다.

그의 경험에 따르면 예술가들을 후원할 때, 이상하게도 후원을 받게 된 사람들은 보통 사람과는 다른 조건을 가진 경우가 많다고 한다. 재능은 최고이지만 이를 뒷받침해줄 형편이 안되는 가난한 집안이라든지, 결손가정이라든지 하는 경우가 많은 것이다. 몇 년 전에 그가 선정한 한 예술가 역시 그랬다. 부모가 뒷바라지를 하기 힘든 형편이었는데, 그가 가진 재능이 놀라웠다. 그러나 당시 일인자에게 가려 빛을 보지 못하는 상황. 재단에서는 그의 재능만을 보고 조건 없는 지원을 했는데, 얼마 뒤 해외에서 연락이 왔다. 그 순간 박 회장에게는 벌써 감이 왔다고 한다. 그 예술가가 세계적으로 유명한 국제대회에 나갔는데, 아마도 거기에서 성과를 거두었다는 전화임을 직감적으로 알아챘던 것이다. 전화를 받고보니 예상대로 그 예술가가 우승 소식을 알려왔다. 한 번도 한국인에게 문을 열어준 적이 없는 국제대회의 최초 우승이었다.

"천재를 알아보고, 그 천재가 큰 성취를 이룰 때 기분은 정말 좋지요. 너무너무 좋았습니다. 미치게 좋았어요."

빈약한 우리나라의 문화 수준

당시의 기쁨을 전하는 박 회장의 음성에는 아직도 흥분이 남아 있었다. 사적인 이익과 관계없이, 자신이 좋아하는 일을 하면서 얻는 기쁨이 얼마나 큰지를 깨닫는 순간이기도 했다. 그때의 떨림이 재현되면서 우리는 잠시 동안 함께 기뻐하고, 탄성을 내뱉었다. 그리고 이어지는 약간은 수줍은 웃음.

하지만 불행하게도 우리나라의 문화 수준은 아직 박 회장의 기대에 못 미치고 있다. 수상 소식이 전해진 날 주변의 잘 아는 CEO들에게 흥분해서 소식을 전했지만 분위기가 썰렁했다고 한다. 그 예술가가 출전한 대회의 국제적 지명도를 전혀 모르기에 벌어진 일이었다. 다들 그게 뭐냐, 얼마나 대단한 거냐며 오히려 물어오는 모습에 박 회장은 탄식을 하고 말았다. 충분히 이해가 되었다.

"그때 무슨 생각이 들었느냐면, 아, 정말 이 사람들에게 예술을 가르쳐야겠다고 생각했어요. 그래서 CEO들을 대상으로 예술 강좌를 시작했습니다. 일단 이 사회의 오피니언 리더들이 먼저 예술적 소양을 쌓게 되면 예술에 대한 인식도 달라지고, 이쪽의 지원도 활발해질 거라는 생각 때문이었죠. 그렇게 만든 강좌에 지금까지 540명이 거쳐 갔어요."

그는 지금도 자신을 통해 예술가들이나 음악인들, 혹은 공연팀을 소개해달라는 사람들이 던지는 말에 분개하는 편이다. "○○○팀 부르는데 돈이 얼마 드냐"고 묻는 사람들이 바로 그런 사람들이다. 우리 사회의 지도층이라는 사람들이, 설마 그럴까 싶은 생각이 들기도 하지만 실제 현실은 기대에 못 미친다는 말이었다.

"무슨 밴드 부르듯이 예술가들을 초청하려는 사람들이 아직도 많아요. 그러면 저는 이렇게 얘기해주죠. 호텔이나 식당에서 밥 먹고 떠들면서 배경음악으로 연주하라고 하면 100억을 줘도 그 사람들 안 갈 거다. 그러지 말고 음향시설이 잘 갖추어진 좋은 곳에서 좋은 청중 모셔놓고 '연주해달라' 부탁하면 정당하고 적정한 돈으로 모셔올 수 있다. 그런데 이렇게 말하면 아직도 저에게 거만하다고 말하는 사람들이 있어요. 안타깝죠. 예술을 모르고, 예술가가 얼마나 소중한 자산인지 모르는 무식한 사람들이에요."

그의 이야기를 들으면서 그에게는 분명 예술가의 든든한 후원자를 자처할 만한 자격이 있다는 생각이 들었다. 자신이 후원하는 예술가를 귀하게 여기고, 그들의 자존심과, 예술적 재능을 높일 줄 아는 그는 우리나라의 척박한 예술 환경에서는 참으로 소중한 사람이라는 생각도 뒤따랐다. 더불어 그와 같은 소양을 갖추고 예술가들을 지원하는 사람들이 몇 명만 더 있다면 우리 문화계에 어떤 변화가 생길까, 하는 상상을 하면서 그의 이야기에 귀를 기울였다.

"예를 들어 콘서트장에 가보면요, 관객의 70퍼센트는 중산층 이하예요. 일반의 보통 사람들이지만 예술에 대한 향유 의지가 엄청

강한 거예요. 더 많은 사람들이 예술을 공유할 수 있었으면 좋겠어요."

슈베르트도 그렇고, 고흐도 그렇고, 위대한 예술가 중에서 번듯하게 떵떵거리면서 산 예술가들은 별로 없다. 하지만 그들의 유산이 아직까지 살아남아 후대의 사람들에게 정서적으로나 정신적으로 커다란 영향을 미치고 있으니 예술이란 단순히 돈의 문제로 접근할 수 없는 것이다. 그들을 '사회의 공유 자산'으로 생각하고 지원을 아끼지 말아야 하는 것이다. 박 회장처럼 예술을 아끼고, 예술가를 대접하는 기부활동을 하는 사람들이 더 많아져야 한다. 그래야 우리나라의 문화예술도 성장할 수 있다.

여기서 재미있는 이야기 한 가지. 해외 음악인을 국내 초청해 연주회를 열면 한 번에 몇 백에서 몇 천만 원이 드는 것은 우습지만 박 회장은 작은 돈은 엄청나게 아끼는 사람이다. 특히 흥미로운 것은 이런 대목이었다. 그가 일하는 사무실 비품을 살 때, 반드시 서너 가지 이상의 가격 견적을 뽑아서 비교, 대조해본 후 사야 한다. 작은 비품이라도 가격 비교 안 해보고 그냥 사면 직원들에게 곧바로 불호령이다.

"내가 그 값보다 더 싼 가격 찾아내면 혼낸다, 하고 크게 야단을 치죠. 그렇게 차곡차곡 모은 돈으로 예술인을 후원하는 거예요."

회사 직원들이 알아서 비교, 대조하여 작은 것도 아낀다고 생각하면 그대로 일을 맡겨두는 편인 그. 박 회장은 예술가의 후원인이기도 하면서 동시에 동전 한 닢도 아끼는 기업인이기도 하다. 아마도 얼마 안 있어 대한민국을 대표하는 멋진 콘서트홀이 지어질 것 같다. 젊은 시절부터 박 회장이 꾸었던 꿈의 콘서트홀은 어떤 모습일까. 무엇보다도 예술에 대한 그의 열정을 보면서, 그의 꿈이 곧 이루어질 것임을 예감했다. 박 회장의 예술인 후원은 앞으로도 끝이 없을 것이다.

3장 죽음의 고비에서 기부를 만나다

내려놓는 순간 즐거워져요

정영건 회원

목숨을 내놓고 얻은 세상의 이치

옛날 한 임금이 자신을 즐겁게 해줄 것을 찾아오라고 신하들에게 명했다. 임금의 명을 받은 신하들은 임금에게 받칠 '즐거움'을 찾으러 세상으로 나갔다. 저잣거리에서 신하들은 날마다 즐겁다는 떠돌이 승려를 찾아냈다. 신하들이 떠돌이 승려에게 왜 날마다 즐겁냐고 묻는 것은 당연지사. 중의 대답은 이렇다.

"옛날에 나는 신발이 없어서 슬퍼한 적이 있습니다. 그런데 지금은 아니에요. 우연히 거리에서 두 다리가 없는 사람을 본 다음부터는 걱정을 내려놓게 되었습니다."

승진을 꿈꾸고 아이 성적을 걱정하고 다음 분기 회사 실적을 고민하는 평범한 나날이 결코 평범하지 않은 축복이라는 걸 깨달았을 때 정영건 중앙금속 대표는 마흔다섯 살이었다. 그때 그는 아직 월급쟁이였다. 금요일 저녁마다 절친한 친구와 단둘이 소주 여덟 병을 마시고, '내일은 운동하는 날이니 일찍 일어나자'며 서로의 어깨를 두드리는 애주가였다.

"그때가 2001년이었어요. 6개월 시한부 간암 진단을 받았죠. 암 덩어리가 계란만 했어요. 6개월 후에 죽는다는 의사 선생님 말씀을 듣고 세상이 무너지더라고요. 충격이 가시지를 않았어요. 그런데 어느 날 밤 되짚어보니까 내 행동과 사고와 가치관, 또 음식, 그런 것 때문에 암이 온 거잖아요. 살고 싶다. 그러면 어떻게 해야 할까. 그때부터 다 바꿔야겠다는 생각을 했어요. 가치관도 바꾸고, 먹는 것도 바꾸고, 하는 행동도 바꾸고. 그 뒤로 제가 정말 절제된 생활을 해왔습니다. 지금도 11년 됐는데 녹즙을 싸서 다니잖아요. 5년까지는 도시락도 싸갖고 다녔고요."

그는 그때 살아날 수만 있다면 마산역의 지게꾼이 되더라도 자신의 삶을 소중하게 받아들이겠다고 마음속으로 빌고 또 빌었다. 돌이켜보니 자신의 회사를 차리기 전에 다녔던 회사에서 영업을 총괄한다는 핑계로 1년 365일 내내 술자리를 하던 시절이었다. 중소기업의 간부로 살아가려면 당연한 일이라고 생각하며, 기꺼이 격무를 견뎌냈던 시절이기도 했다. 좋게 말하면 정열적이고 활동적이지만 나쁘게 말하면 자신을 돌볼 여유도 없이 살아온 인생이었던 셈이다. 그러나 그가 병을 대하는 태도는 남들과 조금 달랐다. 의사가 선고한 6개월 시한과는 상관없이 그는 병상에서 다니던 회사에 사표를 냈다. 퇴직금을 털고 저축한 돈을 보태 4억을 마련했고, 그 돈으로 껍데기만 남은 회사를 하나 인수해 매출 700억이 되는 회사로 키우기까지 그는 "자신이 계속 살아야 하는 동기를 열심히 자신에게 부여했다"고 했다. 그는 그동안 두 차례 병이 재발한 것은 아닌가 하는 의심스런 순간을 겪었다. 죽음의 공포는 한 번 겪었다고 무뎌지지 않았다. 한 번 베일 때마다 매번 새로 피 흘리면서도 그는 삶을 던져버리거나 자기연민에 젖지 않았다. 산속의 승려가 구도에 골몰하듯 그는 회사를 키우고 돌봤다.

그는 독실한 불교 신자다. 아내와 함께 7년간 하루도 빼먹지 않고 아침마다 '절을 올리는 수행'을 하면서도 그는 '목숨을 안 내놓고서는 영원히 자유롭지는 못하겠다'는 생각을 했다. 그래서 아내와 함께 히말라야행을 결심했다. "욕심하고 목숨을 내려놓으려고 간 셈인데, 그런 것들은 다 내려놓지 못하고 살만 한 5킬로그램 내려놓고 왔지요."

꿈을 가져야 삶이 바뀐다

그는 히말라야에서 돌아온 뒤 목숨의 소중함에 대해서 더 깊이 알게 되었고 돈과 직업의 소중함에 대해서도 더 잘 알게 되었다. 그리고 그 귀결로 아너 소사이어티에 가입했다. 그동안 몰랐던 기부에 대해서 눈을 뜨게 된 것이다. 물론 그 이전부터 대학을 비롯한 교육기관과 YWCA와 같은 공익기관에 기부를 해왔지만 죽음의 위기를 겪은 이후, 그는 더욱 기부에 대한 생각을 확실하게 가지게 되었다.

그는 함안의 벽촌에서 태어났다. 홀어머니 밑에서 오 형제 중 장남으로 자랐다. 초등학교 6학년 때 부친의 죽음을 겪었다. 고향 마을은 극히 외진 곳이었다. 중3 때가 돼서야 마을에 처음 전기가 들어왔다.

반듯한 어머니 덕에 그의 누나 둘과 다른 형제 둘도 지금은 모두 잘살고 있다. 하지만 장남인 그는 말썽꾸러기였다. 군대를 다녀오기 전까지 그는 학교에서 문제아로 통했다. 혼자서 책 읽고 방에 틀어박혀 막막하게 허공을 바라보곤 했다. 현실 도피하듯 지원한 해병대에서 군인은 군인다워야 하고 사장은 사장다워야 하고 학생은 학생다워야 한다는 깨달음을 얻었다.

군대를 제대하고 사회에 나와 포스코 특수광에 직업훈련생으로 들어가면서 그의 인생은 큰 변화를 겪는다. 대학도 안 나오고 아무런 배경도 없는 자신을 열심히 한다는 이유 하나만으로 원하는 부서에 배치시켜줬던 선생님. 그의 은인이다. 그는 그 선생님 덕분에 처음으로 인생의 따뜻한 맛을 느꼈다. 대학 나오고 엘리트들만 모인 금속연구소에서 그는 처음으로 꿈이라는 것을 가졌다.

"특수금속을 열심히 공부해서 내 일로 해보겠다. 그게 제 꿈이 된 거예요. 6년 정도 야근하며 누가 시키지 않아도 지독하게 공부했어요."

이후 그는 고려금속으로 직장을 옮겨 십 몇 년을 다니면서 한 번도 그 회사를 남의 회사라고 생각해본 적 없이 일했다. 하지만 사람의 운명은 알 수 없는 것이다. 암에 걸리고 죽음의 문턱까지 가본 뒤 그는 비로소 '지금까지 내 꿈이라고 생각했던 것들이 실은 남의 꿈이 아니었을까' 생각해보게 됐다. 새롭게 발견한 자기만의 꿈 중 하나가 창업이고 기부였다.

인생은 마라톤이다

그는 자식들에게 늘 두 가지를 강조해왔다.

"져라, 그리고 손해 봐라. 진다는 것은 배려하라는 거고 손해본다는 건 베풀라는 뜻이에요."

지금껏 아내와 자식들에게 비싼 것을 사준 적이 없다는 그는 해병대에 들어간 아들이 너무나 자랑스럽다. 포항의 편안한 곳으로 전출 갈 기회가 있었는데도 그것을 마다하고 연평도에서 군 생활을 마치겠다고 한 아들이 자신보다 낫다는 것이다. 그는 직접 체험하고 얻은 경험이 돈보다 나은 것이라면서 아들이 부자보다는 지혜로운 사람이 되길 바란다고 했다.

"자식한테 지혜와 덕을 쌓아주고 가야지 물질적으로 준다고 그게 잘 됩니까. 사마천이 사기에서 하늘의 이치와 사람의 이치와 자연의 이치를 어기면 살 수가 없다고 했어요. 이치대로 살 때 돈도 오는 거예요. 내 것을 비울 줄 모르면 그릇이 안 커져요."

그는 그릇이 충분히 크지 못하다고 생각될 경우에는 자식에게 회사 경영권을 물려줄 생각도 없다고 한다. 마라톤을 하는 사람이 풀코스를 뛰려고 하면 풀코스 몸을 먼저 만들어야 하고, 10킬로미터를 뛰려고 하면 10킬로미터를 뛸 수 있는 몸을 먼저 만들어야 하듯이 자신의 몸이 10킬로미터 뛸 수 있는 몸밖에 안 될 때는 절대 풀코스를 못 뛴다는 말이었다. 매일 아침마다 절하는 수행을 하며 아내는 천 원씩 자신은 만 원을 내서 모은 돈을 고아원과 복지관에 가져다줄 때 액수는 작아도 돕는 재미가 쏠쏠하다고 말했다. 그는 기부란 어떤 의미에서 한 걸음씩 키워나가야 진짜 자기 것이 될 수 있다고 했다. 그것은 아마도 세월의 굽이를 거치고, 죽음의 위기를 겪으면서 자연스럽게 형성된 그만의 가치관인 것 같았다.

"돈은 사회로부터 받은 거예요. 내 부모한테 받은 것도 아니고 내 자식한테 받은 것도 아니고 사회로부터 받은 거란 말이죠. 이 부를 어떻게 하는 게 맞을까요? 저는 다시 사회로 돌려줘야 한다고 봐요. 그런데 많은 사람들이 못 돌려주죠. 저도 그랬으니까. 이유가 딱 하나예요. 욕심 때문이지요. 욕심 때문에 못 돌려주잖아요. 욕심을 버리는 과정들이 중요한 거거든요. 저한테는 그 욕심을 버리는 계기가 암이었죠. 고마워요. 그렇게 생각하면. 저라는 사람을 바꾸어놓은 병이니까요. 그렇게 제 욕심을 내려놓게 되었고, 그 빈자리에는 이전에는 안 보이던 사람들이 들어오더라고요. 다 제가 도와주어야 할 사람들이었죠."

그는 앞으로 재단을 직접 꾸려서 운영하고 싶은 계획을 가지고 있다. 자신의 회사가 빵을 팔아 돈을 벌기 위해서만 존재하는 것이 아니라 오히려 사람을 채용하기 위해 빵을 파는 그런 곳이 되기를 바란다고 했다. 그도 한때는 부의 창출이 기업의 존재 이유라고 여겼다. 앞으로는 공익적 가치가 앞서는 세상이 올 것이라 기대하고 있다. 그래야 더 나은 세상이 될 것이라는 믿음이 있다. 그는 일흔살이 된 촉탁사원 한 명을 빼고는 비정규직 없이 모두 정규직 사원으로 회사를 꾸려나가고 있다. 자기 한 사람의 목숨을 넘어서게 해준 것이 그의 경우엔 암이었다.

세 번의 죽을 고비,
그리고 만난 기부

남한봉 회원

아너 소사이어티 제1호 회원

남한봉 유닉스코리아 대표는 군 복무 중 사고로 하반신이 마비돼 휠체어에서 49년을 살았다. 어지간한 사람이라면 감당할 수 없는 액운이다. 그런데 그런 액운이 그때 이후에도 또 다시 왔다. 이번엔 노년에 접어들 무렵이었다.

"2008년도에 출근을 하려고 차에 탔는데, 머리로 피가 싹 올라오는 게 느껴졌어요. 몸 반이 마비되면서 혀가 굳는 게 느껴졌죠. 정말 몇 초도 안 되는 순간이었는데, 아득했어요. 그리고는 정신을 잃은 거예요. 몇 초간 죽었던 거죠. MRI 찍으니까 뇌혈관 세 군데가 막혔다고 하더라고요. 수술할 단계는 아니고, 수술하다 잘못하면 뇌는 큰일 난다고. 제가 지금까지 만신창이의 몸으로도 이를 꽉 물고 살아왔는데 또 다시 이런 죽음의 문턱까지 이르니까 이제는 정말 생각이 완전히 달라지더라고요. 내가 이대로 죽으면 안 되겠다. 죽어도 뭔가 이 세상에 의미 있는 일을 하고 죽자. 책임감이 느껴졌어요."

그는 병상에서 아들을 불렀다. 그동안 자신의 사업을 물려받아 일을 하던 아들이었다. 그리고 1억 원을 기부하겠다고 한시가 급하니 미룰 수 없다고 자신의 결심을 밝혔다. 아들은 '건강부터 챙기셔야 하지 않겠느냐'며 황망해 했다. 그러면서도 더는 군말 없이 사회복지공동모금회 연락처를 알아왔다. 남한봉 대표는 2008년 1억 원을 기부하며 아너 소사이어티 제1호 회원이 되었다.

사실 젊은 시절 그는 정치가가 되는 것이 꿈이었다. 복잡한 것을 싫어하고 단순하고 분명한 것을 좋아했다. 자신보다는 대의를 위해 헌신하는 삶에 매력을 느꼈다. 김구 선생의 『백범일지』를 사서 수시로 읽었다. 하지만 그의 꿈은 군대 시절 불의의 사고를 당하면서 물거품이 되고 말았다. 지프차를 타고 가다가 낭떠러지에 추락하고 만 것이다.

"아마 4일 만에 겨우 의식이 돌아온 것 같아요. 정신이 들어서도 제가 뭐라고 했느냐면 '나는 군대가 좋으니까 후송 보내지 말아라, 나 근무 다시 하겠다'는 말이었어요. 그런데 몸은 낫지를 않고 시간만 흐르는 거예요. 좌절했죠. 야전병원에 한 달 있었는데 죽으려고 했어요. 몸을 못 움직이니까. 수면제 달라고 행패 부렸지요. 계속 누운 채로 6개월의 시간이 흐른 거예요. 나중에 들으니까 제 몸에서 조각난 뼈를 긁어냈는데 그게 맥주잔 하나 가득 나왔다는 거였어요. 6개월 만에 처음 앉아봤는데 눈물만 나더라고요. 재수술을 몇 번이나 했는데도 안 고쳐졌어요. 제대로 걷지를 못했어요. 신체 건강하게 입대했는데 보상금 2백 몇 10만 원 받고 제대하게 되니까 눈물 나더라고요."

대중 앞에서 웅변하는 사람이 되기를 꿈꾸던 그가 두 다리를 못 쓰는 몸이 되어 군에서 나왔다. 다른 사람 시선이 부담스러워 고향으로 돌아갈 수 없었다. 그는 그대로 서울에서 장사를 하던 이모부 곁으로 갔다. 이모부는 타자기 장사를 하고 있었다. 그는 몸이 불편해 영업도 못 나가고 사무실에서 전화를 받는 정도의 일만 하면서 일손을 보탰다. 그러다가 코엑스가 처음 생겼을 때 우연히 지원을 하게 되었고 그때부터 전시장 부스를 만드는 사업에 뛰어들어 근면 성실 하나로 거래처를 하나 둘 늘려나갔다.

"그런데 제 인생이 참 기구해요. 이제는 좀 자리를 잡나 싶었을 때 낚시를 하러 간 적이 있어요. 제가 몸이 약하니까 다른 거 할 여력은 없고 유일한 취미가 낚시였거든요. 앉아서도 할 수 있잖아요. 노 젓는 배를 하나 빌려서 낚시를 하는데 그만 중심을 잃고 물에 빠져버리고 만 거예요. 같이 있던 사람이 겨우 제 발목을 잡고 저를 구해 올렸죠. 동네 사람들이, 사람 죽었다고 소리치고. 한 20분 죽은 듯 누워 있었는데 결국 깨어났고. 무슨 곡예사가 외줄을 타는 식으로 지금까지 살아온 것 같아요. 그러니 2008년도에 다시 병원에 누웠을 때는 이젠 정말 뒤로 미룰 수 없다는 생각을 한 거죠. 세 번째 죽을 고비였으니까요. 사람이 태어나고 죽는 것에 도대체 어떤 의미가 있는가. 내가 반드시 기부하고 죽어야 되겠다, 그런 생각이었습니다. 그런데 우연히 그게 여러 매체에 소개가 되더니 각종 모임에 참석하게 되고, 나중에는 대통령하고 같이 식사도 했어요. 이런 과정에서 제가 정말 많은 걸 느꼈어요. 옛날엔 생각지도 못하던 이런 일이 있구나. 기부라는 것이 이렇게 좋은 거구나. 기부문화가 사회에 많이 번져야 되겠구나. 참 좋은 거다, 이렇게 느꼈어요. 아너 소사이어티 1호 회원이 된 것이 아마 제 인생에서 가장 보람 있었던 순간이 아니었나 싶어요."

고기 잡는 법을 가르쳐주는 사회가 필요하다

자수성가한 많은 사람들처럼 그도 집에서는 엄한 아버지였다. 집에서는 항상 보리밥을 섞은 잡곡밥을 먹었고 명절 때만 쌀밥을 먹도록 했다. 아이스크림처럼 단것은 먹지 못하게 했다. 아이들이 초등학교 시절, 몰래 아이스크림을 사 먹다가 남한봉 대표에게 들킨 적이 있었다고 한다. 당신이 아버지였다면 어떻게 했을까. 아이들은 그 절체절명의 순간에 어떤 행동을 했을까. 결론부터 이야기하자면 사건은 싱겁게 끝나고 말았다. 대문 앞에 아버지가 있는 것을 보고 너무 놀란 나머지 아이들은 그만 아이스크림을 그대로 땅에 떨어뜨리고 말았다. 지금 남한봉 대표의 일을 물려받은 아들은 꼭 그의 젊은 시절 모습을 닮았다.

"아들 녀석은 중학교 때 아침마다 신문 배달을 다녔어요. 남들 다 한다는 과외를 시키려고 하니까 '아빠 나 과외 시키면 파출소 신고할 거야'라고 하더라니까요. 집에 돈이 없는 것도 아닌데 막노동도 나가고. 미국 지사를 재가 냈는데 한 10년 전부터 미국에 가서 그 숱한 고생하고 돈도 떼이고 하더니 지금은 지사 제대로 만들어서 직원 다섯 명이 나가 있어요. 절대로 지름길로는 안 가겠다, 이런 오기가 있어요."

그는 복지에 대해 명확한 소신을 갖고 있었다. 복지라는 것은 모든 사람들이 공평하게 고기를 잡을 수 있는 조건과 기회를 만들어주는 것이 되어야지 무조건 고기를 나누어 주는 방향으로 진행되어서는 안 된다고 했다.

"예를 들어서 열심히 일하면 월급을 백 원 받던 게 2백 원도 받고 3백 원도 받아야 성취감도 생기고 사는 재미가 있고, 그게 좋은 영향으로 국가 전체에 퍼지는 거 아닙니까. 기부만 수천억을 했다고 칩시다. 그걸 나눠 주는 것만 가지고는 해결이 안 됩니다. '가난 구제는 나라도 못 한다'고 기업을 향한 규제를 많이 풀되, 대신 옳지 않은 탈세라든가 하청 협력업체 돈을 쥐어짠다든가, 어음을 준다든가 하는 횡포는 막아야죠. 바로 그런 규제를 하면서도 돈을 벌게 해주는 정부가 필요한 거 아닙니까. 단순히 많은 사람이 기부 많이 한다고 가난이 저절로 해결되지 않습니다."

남한봉 대표는 "평생 열심히 살았지만 아너 소사이어티 회원이 된 뒤 세상과 인생을 보는 시야가 넓어졌다"고 했다. "남을 돕는 것은 물론 기쁜 일이죠. 뿐만 아니라 나 혼자서도 만족을 느낍니다. 특히 내가 어려서부터 유전적으로 다혈질에다 불같은 성격이라는 것을 나를 아는 많은 분들이 다 알고 있습니다. 기부하면서 불같은 내 성격을 많이 인내하게 되었습니다. 넉넉하고 편안해진 거죠."

미화(美化)도 말고 평가절하도 말고 딱 해온 그대로만

김영관 회원

특별한 선물, 장수축하금

여기, 좀 유별난 기부를 시작한 사람이 있다. 일흔여덟 살의 김영관 회장이 바로 그 주인공이다. 그가 밖으로 드러나는 기부를 시작한 것은 2008년의 일이다. 그는 2008년도 1월부터 지금까지 매년 설날 여든 이상 노인을 모시고 사는 세대 중에서 어렵고 힘들게 사는 250가정을 골라 20만 원씩 '장수축하금'을 주고 있다. 그가 광주시에 5000만 원을 기탁하면, 시내 다섯 개 구청에서 여든 이상 노인을 모시고 사는 세대의 명단을 올린다. 명단에 누가 올라갈지 정하는 건 각 동장들이다. 국가가 제공하는 복지 혜택은 집이 없고 돈 버는 자식이 없다는 식으로 '의지가지없는 신세라는 것이 서류상으로 명확할 때' 주어진다. 현실세계에는 이런 기준에 부합하지 않아 곤궁한데도 아무런 혜택을 받지 못하는 사람이 많다. 김영관 회장이 특히 안쓰럽게 생각하는 게 그런 사람들이다. 그런 사람들의 형편을 가깝게 파악하고 있는 사람들이 그래도 동네의 궂은일을 맡아 하는 동장들이다. 김영관 회장은 동장들이 추천한 가정에 20만 원씩을 집어넣은 봉투를 돌린다. 온라인 입금은 없다. 동장들이 발품 팔아 전해야 한다. 이름을 장수축하금이라고 붙인 것은 그 어른들이 여든이 넘도록 사실 수 있도록 가난 속에서도 정성을 다해 봉양한 자식들에게 축하와 격려를 전하기 위해서다. 명절날, 고기라도 끊어와 온 가족이 둘러앉아 오붓하고 화목한 시간을 보내시라는 의미가 들어 있다.

장례식장에서 온갖 군상을 만나다

김영관 회장은 어떻게 이런 독특한 발상을 하게 됐을까. 그 열쇠는 그가 2000년대 초반부터 경영해온 장례식장에 있다.

"제가 원래는 염전을 해왔지만 2003년부터 장례식장도 운영하게 됐어요. 헌데 이 장례식이라는 걸 보면 있는 사람과 없는 사람의 차이가 참 선명하게 드러나는 거예요. 돈도 있고, 자녀도 잘 둔 사람은 화려하게, 모든 격식을 갖추어서 하는데, 어려운 사람은 일절 그런 것을 못하고 겨우 영정사진만 걸어놓았다가 보내드리는 거예요. 참, 그런 것을 계속 보다보니까 뭔가 내가 힘이 되고 싶다는 생각을 하게 된 겁니다."

김 회장은 일찍부터 장례식장에 오는 어려운 사람을 도왔다. 장례식장의 특성상 극빈자가 올 때도 있고, 연고가 있어도 유족이 거의 찾지 않는 망자를 모실 때도 많다. 정부에서 보조해주는 돈의 범위에서 장례를 치르되 돈이 부족할 때는 회사 차원에서 빈소를 차리고 음식도 준비해서 장례를 치르게 했다. 김 회장이 장례식장 사용비를 받는 것이 아니라 오히려 부의금을 내는 경우도 많았다. 2008년 '장수축하금'을 지급하기 시작한 데에는 이런 배경이 있었다. 세상을 떠난 사람들을 지켜보면서 이 세상에 남아 있는 자가 어떻게 살아야 할 것인가를 늘 고민한 끝에 그가 내린 결론이 바로 '장수축하금'이었다.

그는 58년도에 제대를 하고 대구에서 처음 섬유 도매사업을 시작했다. 당시 대구는 번창하는 섬유도시였다. 김 회장은 직접 버스를 타고 다니면서 주변 도시에 섬유를 떼어다가 팔았다. 그때까지 서울의 동대문시장 같은 큰 시장이 자리를 잡기 전이어서 장사가 잘됐다.

"장사도 단골이 생기잖아요. 신용이 쌓이면 서로 우리 것도 다른 고장에 팔아달라고 그럴 때였죠. 예를 들어서 그때는 뭐, 시집, 장가가려면 공장에서 광목 필로 사다가 이불도 해주고 그런 때니까. 한 가게에서 30필, 50필도 가져가고 그러던 때라. 지금 장사보다는 쉬웠지요."

그러다가 74년도에 전남 영광군 영산면 바다를 막아서 20만 평 규모의 염전을 시작했다. 전라남도에 포크레인이 딱 2대 있던 시절이었다. 11월 초부터 제방을 막기 시작해서 장비가 들어갈 수 없는 곳은 전부 사람들이 달려들어서 공사를 했다. 그렇게 만든 염전이 지금까지 이어져 2011년 전국 최고 수준의 친환경 염전으로 선정되기도 했다.

"자원이 없는 우리나라라도 염판만 잘 만들어놓으면 후대에 이르기까지 귀하고 소중한 자원으로 자랑스럽게 물려줄 수 있다는 신념 하나로 현재까지 5년간에 걸쳐 약 13만여 평의 도자기판 염전에 수십억 원을 들여 친환경 염전시설로 전부 교체했어요. 2008년 3월 광물로 사용 제한을 받던 천일염을 식품으로 인정하는 법안이 국회를 통과했어요. 2011년에 염산업 발전에 기여했다고 대통령상도 탔지요. 열심히 살았습니다."

그냥 좋아서, 하고 싶어서, 그게 전부

김영관 회장은 "나는 이래서 기부한다", "기부하면 이렇게 좋다"는 식으로 바깥에 크게 내세우는 철학이 없다고 했다. 처음부터 끝까지 그저 자신이 좋아서 남을 위해 기부를 하는 것이지 다른 어떤 이유도 없다고 했다.

"저라고 왜 개인사나 인생의 곡절이 없었겠습니까. 그렇지만 저는 제 인생이 특별하게 미화되는 것도 바라지 않고, 그렇다고 내가 이만큼 어렵게 살았노라 강조하고 싶지도 않아요. 저도 물론 다른 여러 사람들이 기부를 점점 많이 했으면 하는 바람은 있지요. 그렇지만 예를 들어서 제가 지인들 앞에 나서서 '내가 이런 일을 했네, 자네도 하소' 이렇게는 제 자랑 같아서 못하겠더라고요."

그는 "우리가 어려운 생활을 실제 겪어 봤던 마지막 세대 같다"고 했다. "내가 따질 때는 매섭게 따져도, 결국 양보하면서 평생을 살아왔어요. 그런 마음으로, 이기는 것보다는, 이해관계가 있는 것은 웬만하면 양보하는 것이 더 많았습니다. 이제 내가 살면 얼마나 살겠어요. 건강히 사는 날이 얼마 안 남았다고 봐야지. 어려운 사람 조금씩 도와주는 일은 힘이 있는 동안 계속해서 해나가려고 합니다."

성공하는 삶보다는 가치 있는 삶

박상호 회원

존경하는 사람은 아인슈타인

"존경하는 인물이요? 아인슈타인입니다."

솔직히 건축가나 기업인을 꼽을 거라고 생각했다. 아너 소사이어티 회원이니까, 기부경영으로 이름난 사람을 들 수도 있다고 예상했다. 하지만 박상호 신태양건설 회장은 아인슈타인을 꼽았다.

"아인슈타인 책을 읽어보면 문장이 매우 시적이에요. 거기서 이런 이야기를 하더라고요. 성공하는 삶보다는 가치 있는 삶을 사는 게 중요하다. 사업도 좋지만 가치 있는 삶을 사는 것은 더 중요하다. 그러면 가치 있는 삶은 어떤 것인가. 그런 생각으로 제가 지금까지 살아왔습니다."

박상호 회장은 아너 소사이어티 회원 중 유일한 시인이다. 천혜의 절경 이기대와 그의 모교인 경남고등학교에 그의 시비(詩碑)도 세워져 있다.

신산한 어린 시절이 그에게 일찍부터 쓸쓸함을 알게 했다. 그래서 시를 읽고 시를 썼다. 어머니는 교사였다. 선하고, 늘 남에게 도움을 주려는 분이었다. 어머니의 그런 마음이 주위에 좋은 사람들만 불러 모았으면 좋았겠지만 현실이 그렇게 단순하지는 않았다. 학부모가 안면을 앞세워 부탁을 하면 돈을 빌려 주었다. 당신에게 돈이 없으면 동료 선생님들에게 부탁해서 돈을 빌려 줄 정도였다. 그러다가 돈을 떼이기 일쑤였는데 그 모든 피해를 어머니가 고스란히 뒤집어쓸 때가 많았다. 그런 저런 이유로 풍파가 그치지 않아 박 회장은 월세방을 전전하며 자랐다. 박 회장의 기억으로는 아마도 그런 여러 가지 심적 고통이 병을 만들고 키웠던 것이 아니었나 싶다. 어머니는 겨우 마흔아홉 살에 대장암으로 세상을 떠났다.

"세상을 원망하지는 않았어요. 그런 마음이 아주 없지는 않았겠죠. 하지만 그때 여러 군데에서 도움을 줬어요. 어머니 학교 제자들도 나서서 성금을 모아 주었고. 큰돈은 아니었지만 그런 마음 자체가 얼마나 고맙습니까. 주변의 도움이 저한테는 희망을 가질 수 있는 힘이 되었어요. 지금도 그때만 생각하면 눈물이 납니다."

그런데 불행이 거기서 그치지 않았다. 어머니가 별세한 뒤 그는 미 8군에 근무하던 외삼촌의 도움으로 거처할 곳을 얻고, 공부를 계속해 의대에 진학했다. 시를 쓰고 싶었지만 어머니의 죽음을 겪으면서 현실과 타협점을 찾았고 의대가 그 해답이라고 생각했다. 하지만 예과 2학년 시절, 입주교사로 과외를 하던 학생과 바닷가에 놀러갔다가 그만 그 아이가 수영 중 심장마비 사고로 숨지고 말았다. 그 사고에 직접적인 책임이 있는 것은 아니었지만 인솔을 한 선생으로서 그는 커다란 충격을 받았다. 죽은 학생의 집에서는 박상호 회장을 용서하지 않겠다고 울부짖었다. 그렇게 거의 1년을 사죄하고, 고통받고, 눈물 흘리면서 방황했다.

"도저히 공부를 더 못 하겠더라고요. 제 상황을 뻔히 아시는 외삼촌께 청을 넣었어요. '삼촌이 도와주시면 제가 사업을 한번 해보겠습니다'라고요. 삼촌 하시는 말씀이, '그래 사업하는 목적이 뭐꼬?' 그러시데요. 해서 다음에 사업으로 돈을 좀 벌면 글도 쓰고 싶고 제 꿈을 실현해보고 싶습니다, 했더니 삼촌이 도와주시더라고요. 그때도 마음 밑바닥에는 시를 쓰고 싶다는 마음이 있었어요. 그 마음만큼은 변함이 없었던 거죠."

문학청년, 건설업에 뛰어들다

그는 70년대 후반, 외삼촌에게 빌린 종잣돈으로 부산 영도에 작은 상점을 열었다. 조선소에 물건을 판매하다가 대우조선과 연결이 되었다. 물량 수주가 늘어나니 생산 공장을 차리게 되었고 건축자재도 생산하게 되었다. 그러다가 직접 시공까지 나서게 됐다. 대우조선을 비롯하여 현대중공업, 현대자동차가 고도의 성장을 구가하던 시절이었다. 잠을 못 자고 공사를 진행할 정도로 일이 넘쳤다. 내장재 공사를 수주하면 짧은 시간 안에 바로 사무실을 짓고 건물을 올려야 했다. 한 달씩 밤을 새는 일이 태반이었다. 늘 쉽지는 않았다. 사업 초창기에 판매 대금 회수를 못해서 곤란을 겪을 때도 많았다. 특히 판매한 대금은 못 받고 구매한 돈을 빨리 주어야 할 때는 어디에도 하소연할 데가 없었다. 그런 어려운 과정을 거치면서 사업을 하다보니 어느덧 삶의 자질구레한 고통을 이겨낼 수 있는 힘이 생겼다.

"제 주위 사람들이 그래요. 너는 사업할 타입이 아니어서 실패를 할 거라고 생각했는데 성공했다고. 그래서 신기하다고요. 안 믿으실지 모르겠지만 저는 지금까지 사업상 실패를 한 적이 한 번도 없어요. 그만큼 노력한 거지요. 그래서 여기까지 회사를 이끌어왔습니다. 제 아이들에게도 그래요. 자기가 실력을 갖추지 않으면 안된다. 실력이 없는 상태에서 과분한 역할을 맡으면 그것은 고통에 불과하다. 그래서 저는 실력을 많이 연마하라고 그래요."

그렇다고 그가 자기 혼자 성공하는 것만 내내 고민한 건 아니었다. 박상호 회장은 이미 삼십 대부터 기부를 시작했다. 「부산일보」에 어려운 사람을 소개하는 기사가 실렸고, 그걸 본 박 회장이 200만 원을 기부했다. 지금 돈으로 치자면 2천만 원에 해당하는 돈이었다.

"그게 공식적 기부였고. 비공식적 기부도 계속 해왔어요. 부산 지역에 있는 대학에 회사 차원에서, 또 제 개인 차원에서 계속 장학금 기부를 했죠. 제가 아인슈타인 좋아한다고 말했잖아요. 저는 가치 있는 삶에 대해서 늘 생각합니다. 시도 그래서 쓰는 거고. 기부도 그런 의미예요. 제가 빌 게이츠나 워런 버핏처럼 될 수는 없겠지만, 제가 할 수 있는 한도에서 베풀 수 있다면 그것만으로도 의미는 있다고 생각합니다. 아인슈타인이 상대성이론을 발견해낸 것은 사실 인도의 타고르 시인하고 교류하면서예요. 그를 통해 불교적 세계관을 접했고, 상대성이론에 그 영향이 반영된 거지요. 모든 만물은 홀로 존재하는 것이 아니라 공존하는 것이라는 게 불교의 핵심이잖아요. 시간과 공간이라는 것이 절대적인 개념이 아니라 상대적이라는 게 상대성이론이고요. 사람도 마찬가지 아닙니까?"

아인슈타인은 "오직 남을 위해 산 인생만이 가치 있다"고 했다. '가치'를 위해 산 한 과학자의 삶이 시간과 공간을 가로질러 이렇게 먼 곳의 사람에게도 영향을 끼친다. 앞으로 박상호 회장의 영향으로, 시간과 세대를 가로질러 영향을 받을 사람은 누구일까. 술도 못 하고 노는 데에도 흥미가 없어 오직 '일'하고 '시' 쓰고 '기부'하는 데에 삶의 모든 시간을 써온 사람. 박상호 회장은 "이 세 가지가 어울려서 삶의 가치를 만들어낸다고 믿는다"고 했다.

기부와 나눔에 빛을 더하는 활동가

윤영선 회원

한 사람이 하는 일?

대한장애인육상연맹 부회장, 울산장애인육상경기연맹 회장, 한국법무보호복지공단 울산지부 운영위원, 울산공동모금회 모금위원, 울산 MBC 아침 방송 진행자, 교회 집사, 울산 CBS 합창단 단장 겸 운영부 이사장, 한국권투위원회 의료자문위원, UN 한국국제봉사기구 이사, 대한의사협회 네이버 지식IN 의료자문위원, 울산광역시 유소년 합창단 연합회 회장, 다문화 청소년 합창단 단장, 그린닥터스 의무이사, 국제시력보존센터장, 울산중소기업협회 이사, 울산문화원 이사, 울산시민대상 수상자. 이 모두가 한 사람이 맡은 직책이다. 그게 가능하냐고? 가능하다. 마흔두 살의 윤영선 원장은 이 모든 일을 하고, 잘하고, 게다가 즐기면서 한다. 하루에 잠을 세 시간 정도밖에 자지 못할 때가 많지만 워낙 체력이 건강한 탓에 힘든 기색이 없다. 끊임없이 일을 벌이고, 기획하고, 추진하는 힘은 그가 받은 여러 달란트(재능) 중의 하나. 어릴 때부터 부모님의 봉사정신을 보고 배웠다는 그에게 종교의 힘은 그 정신을 더욱 키워나갈 수 있는 든든한 배경이 되었다. 오히려 아무 일도 안하는 것이 힘들다는 윤영선 원장. 그렇다고는 해도 이 많은 일들을 어떻게 해나가는지 놀라울 뿐이다. 하지만 아직 한 가지가 빠져 있다. 그를 가장 분명하게 설명해줄 수 있는 단어. 그는 울산 유일의 안과전문병원 원장이다. 그는 "의원이 아니라 병원이고, 이런 곳은 전국에 10여 곳밖에 안 된다"고 자부했다.

"원래 전공이 의학이 아니었어요. 다른 전공 하다가 입대를 했고, 제대하고 나니까 시간이 남더라고요. 그때 공부해서 의대에 편입했어요. 남들보다 늦게 의대에 들어간 셈인데, 제가 의대에 간 이유는 딱 하나였어요. 어렵고 힘든 사람들을 돕고 싶었어요. 종교적인 이유가 많이 작용했죠. 의대에 가서는 환자들을 가장 크게 도울 수 있는 길이 뭘까 고민했죠. 그러기 위해서는 안과의사가 되는 것이 좋겠다고 생각한 거죠. 안과전문의는 말 그대로 눈을 뜨게 해서 빛을 찾아주는 사람이잖아요."

공부하는 머리가 뛰어난 것도 역시 그가 받은 달란트 중의 하나. 그의 권유로 신문방송학과 영문학을 복수전공한 그의 아내 역시 늦깎이 공부를 하여 약사가 되었다.

예술 하는 분이신가요

처음 만난 사람이 불쑥 윤영선 원장에게 "예술 하는 사람이세요?"라고 묻는 일이 종종 일어난다. 나이가 젊은데다가 스타일이 좋고, 유쾌한 달변일 뿐 아니라, 자유분방하기까지 한 때문이다. 그는 "어쩌면 의사가 적성에 맞지 않는 것 같다"면서 씩 웃었다. 그나저나 환자에게 빛을 찾아주고 싶어 의사가 되었다는 사람이 의사가 적성에 맞지 않는다는 말을 이렇게 쉽게 해도 될까? 윤영선 원장의 말은 이런 뜻이다. 그는 누군가를 돕기 위해 사람들을 만나고, 힘을 모아 단체를 조직하고, 이 단체와 저 단체를 연결해서 더 좋은 봉사가 가능한 시스템을 만드는 일을 좋아한다. 아침 일찍부터 저녁 늦게까지 병원에 앉아 환자만 기다리기보다는 밖에 나가 자기 도움을 기다리는 사람을 찾는 작업이 신나고 재미있고 보람도 있다. 그는 의사라기보다는 현장의 활동가 같은 정력적인 에너지를 뿜었다.

"2005년부터는 해외로 의료봉사 활동을 다니고 있어요. 물론 제 사비를 털어서 병원 직원과 함께 가는 봉사예요. 출발은 울산 지역에 그린닥터스라는 단체가 생기면서였는데요, 제가 거기 창단 멤버로 참여하면서 시작하게 되었어요. 초창기에는 아내의 도움을 많이 받았죠. 무상으로 약을 대주었거든요. 벌써 미얀마, 라오스, 필리핀, 몽골, 중국, 베트남, 캄보디아, 인도, 태국 등 9개국이 넘는 나라에 다녀왔습니다. 지금은 또 UN NGO 국제봉사기구에 참여하고 있거든요. 여기서는 아프리카하고 남아메리카를 주로 맡아서 봉사를 가는데, 곧 아프리카로 갈 겁니다. 조율이 덜 되어서 조금 밀렸어요."

그는 해마다 자신의 병원에서 '아이윤안과병원 나눔의 밤 송년의 밤'을 진행한다. 다문화가정과 탈북주민, 저소득가정, 보훈가족 등 지역소외계층과 함께하는 이 행사에서 '사랑의 쌀'을 전달하고 안경 및 의료지원을 할 뿐만 아니라, 장학금을 전달하기도 한다. 그가 이만큼 활기차게 봉사와 기부에 힘을 쏟는 원동력은 무엇일까?

"제가 2000년에 결혼을 했어요. 그런데 결혼하기 두 달 전에 아버님이 돌아가셨죠. 심장마비였어요. 제 매제도 지금 서울에서 병원 크게 하고 있거든요 내과의사예요. 매제 안사람인 제 여동생은 간호사고요. 그리고 저도 안과이기는 하지만 의사잖아요. 제 아내는 약사고. 그런데도 전혀 손을 못 댔어요. 홀연히 떠나가셨어요. 그렇게."

워낙에 사회적 활동을 활발하게 하시는 분이어서 건강에 대해서는 걱정을 해본 적이 없었다. 그런데 설 며칠 전, 사우나에 갔다 오는 길에 그만 갑작스럽게 세상을 떠나게 된 것이다. 자신만만하게 세상을 살아온 젊은 의사에게 그것은 도대체 인간의 생명이란 무엇인가, 사람은 무엇을 위해 사는가 숙고해볼 기회가 됐다.

"어떻게 보면, 그때 제가 사회적으로 조금 교만해질 수 있는 시기였죠. 정말 그랬을 거예요. 제가 계속 잘되기만 했다면. 그런데 그때 아버지를 그렇게 허망하게 보내드리고 나니까 마음이 달라지데요. 정말 많이 울었어요. 아이러니한 거잖아요. 자식들이랑 며느리, 사위가 다 사람을 살리는 일을 하는 직업을 가졌는데 정작 자기들 아버지는 못 살렸다니……. 아버지는 저의 부친이기도 하셨지만 유일한 선배였어요. 제 모든 일을 다 털어놓고 상의하는 유일한 분이셨어요. 황망한 마음을 끌어안고 앉아 있는데, 아버님 마지막 가시는 길을 지켜드린다고 정말 많은 분들이 각처에서 오셨어요. 아, 평소에 아버지가 주변을 많이 챙기시고 베푸셨는데, 그러니까 이렇게 많은 분들이 오셔서 가시는 길이 외롭지 않구나 싶었죠. 그때가 아마 제 인생의 전환점이었던 것 같아요."

죽음은 언제나 사람을 겸손하게 만든다. 무작정 앞만 보고 달려온 지금까지의 삶을 다시 되돌아보게 만들고 주위를 둘러보게 한다. 앞으로의 남은 삶을 진지하게 셈하게 만들며, 무엇이 더 가치 있는 일인지 스스로에게 따져 묻게 한다. 죽음이야말로 인생의 가장 큰 스승인지도 모른다는 것을 그는 그때 느꼈다. 아버지의 죽음이 아들에게 인생을 어떻게 살아야 할지 가르쳐준 셈이다.

더 활발한 네트워크와 나눔, 봉사 계획

윤영선 원장은 "봉사활동이라는 게 처음 시작하기가 어렵지 일단 발을 들이면 묘미가 있어 자꾸 더 하게 된다"고 했다. 그래도 그렇지 윤영선 원장처럼 남 도와주는 직함이 스무 개 가까이 되고보면 봉사도 좀 지겨워지지 않을까?

"활동이 커지기 때문에 오히려 봉사와 나눔에는 도움이 돼요. 엮을 수가 있잖아요. 예를 들면 문화활동을 지원하다보니깐 어떤 행사할 때 문화원에 있는 전통연주단을 활용할 수도 있고, 합창단을 활용할 수도 있고, 그렇게 되면 그런 단체들이 평소에는 도움을 받는 입장이었다가 도움을 줄 수 있는 기회도 되는 거고. 육상연맹의 경우, 제가 평소에 도움을 드리지만 소년소녀가장들, 소외계층, 다문화가정 아이들 체육대회 같은 것 하면 오히려 육상연맹의 도움을 받아서 행사를 할 수도 있고요. 오히려 득 되는 부분도 많아요. 연결이 되기 때문에. 문화계, 체육계, 교육계, 종교계. 여러 단체들하고 엮여 있으니까 그 단체를 엮어서 하나의 작품을 만들 수 있는 장점이 있죠. 다문화가정 같은 경우도 그렇거든요? 그분들에게 물질적인 도움만을 드리는 것이 아니라 직접 자기 생활의 주인이 되도록 각 나라 통역 서비스도 할 수 있잖아요. 일방적으로 도움을 주는 게 아니라 서로 같이 시너지를 받는 것이죠. 쌍방향 나눔이 가능해진다고나 할까요?"

그는 아이가 다섯이나 된다. 그는 아이들과 놀아주기보다는 일부러 짬을 내서 평소 자신의 봉사활동에 아이들이 참여하게 한다. 아버지의 체온과 철학을 생활 속에서 나눠주는 셈이다. 가령 아이들 돌잔치 대신 돌 바자회를 하는 식으로 말이다. 주변 사람들이나 단체의 기증을 받아 바자회를 열고 거기서 나오는 수익금 전액을 어려운 사람들을 위해 기부한다. 그는 이런 자연스러운 활동을 통해 아이들에게도 봉사정신이 이어진다고 보는 것이다. 생애 첫돌을 기부로 시작하는 아이들 다섯이 그의 집에서 무럭무럭 자라고 있다.

"기부와 봉사를 왜 하냐고요? 하고 나면 몸은 힘들지만 감사하는 마음을 갖게 되요. 감사한 마음을 갖게 되면 살아가는 열정을 갖게 되고, 힘든 걸 극복할 수 있는 힘을 가질 수 있어요. 그게 저를 여기까지 이끌어온 것 같아요."

4장 아버지의 삶이 만들어낸 기적

계층 간 갈등을 해소할 수 있는 것이 기부

황규철 회원

시민음악회를 만든 건설사 회장님

쉰아홉 살의 황규철 회장은 거친 공사판에서 맨몸으로 지금의 회사를 일으켰다. 그러나 우락부락한 호걸형이 아니라 섬세하고 부드러운 인천 신사다. 그는 2006년 6월부터 대한건설협회 인천광역시회 회장을 맡고 있다. 내놓은 히트상품 중 하나가 '시민음악회'다. '인천건설협회와 함께하는 인천시민음악회'는 인천 지역에서는 인기 있는 문화공연으로 자리 잡은 지 오래다. 행사 당일 음악회가 열리는 인천종합예술회관 인근의 교통이 마비될 정도로 음악회는 성황을 이룬다. 호응은 해마다 뜨거웠고 실제 경비를 제외하고 남은 돈을 종잣돈 삼아 대한건설협회 인천광역시회는 다양한 기부활동을 펼쳐나갔다. 이 대목을 따져보고 싶었다. 건설협회는 기본적으로 회원 건설업체의 공동 이익을 위해 노력하는 단체다. 공익행사를 기획하는 데까지는 이상할 게 없지만, 그게 왜 하필 음악회인지 궁금했다.

"대체적으로 건설업에 대한 이미지가 그렇게 밝은 것만은 아닌 것 같습니다. 제가 일하는 분야에서 시민들을 위해 좋은 일을 하고 싶었어요. 건설협회장을 하다보니까 여기저기 기부하라고 권유도 많이 하고, 제가 모범을 보이면 많이들 따라올 것 같다는 생각을 했죠. 제가 좀 더 달려들어서 돈을 더 벌려고 했다면 아마 더 벌 수 있었을 것 같아요. 하지만 저는 적절하게 벌고, 여러 사람을 돕자는 마음이었습니다. 하하. 음악회도 그래서 시작한 거구요."

꼭 음악회뿐 아니다. 황규철 회장의 나눔활동은 독특한 데가 있다. 인천시 한의사회와 힘을 모아 25세에서 40세 사이의 저소득층 불임 여성을 치료하는 사업을 돕는가 하면, 독거노인들을 위한 '합독(合獨)사업'을 펼치기도 한다. 70세 이상의 어르신들이 홀로 여생을 살아가지 않고 서로 어깨를 기대 살아갈 수 있도록 지원해주는 사업이다. 꼭 물질이 있어야 삶이 달라지는 게 아니다. 외로운 사람끼리 한 둥지에 들면 그것만으로도 생활에 온기가 돌 수 있다. 이밖에도 섬 지역 아이들을 위한 문화체험 초청학습, 레슬링이나 복싱 등 체육 분야의 꿈나무를 발굴하는 사업, 사랑의 연탄 배달 봉사활동 등을 정기적으로 펼쳐오고 있다. 이 모두가 황규철 회장 머릿속에서 나온 아이디어들이다. 대한건설협회 인천광역시회는 2010년 나눔문화 확산에 기여한 공로를 인정받아 지역 건설단체로는 처음으로 보건복지부장관 단체표창을 받기도 했다. 그는 아너 소사이어티에도 가입했다. 처음에는 음악회를 하고 남은 수입의 일부로 쌀과 재래시장상품권 등을 기부하다가 아예 개인 돈을 털어 사회복지공동모금회 아너 소사이어티에 가입한 것이다. 그가 가입하고 나서 인천지역 아너 소사이어티 회원은 4명으로 늘었다.

첫 기부는 17년 전 어머니 칠순 축하금

기부와 나눔은 어느 날 갑자기 시작할 수 있는 일이 아니다. 누구나 마음속에 좋은 일 하고 싶다는 기부 DNA가 있다. 그걸 깨우는 촉발인자가 있느냐 없느냐가 다를 뿐이다. 그때 기부 DNA가 발현되는 모습도 사람마다 다르다.

황규철 회장의 첫 기부는 17년 전, 어머니의 칠순 무렵이었다. 당시 그는 부천에서 사업을 하고 있었다. 칠순 잔치를 끝내고 셈을 하여보니 들어온 돈이 의외로 많았다. 황규철 회장이 평소 남들 경조사를 세심하게 살핀 덕분이었다. 황규철 회장은 그렇게 들어온 돈을 허투루 쓰지 않고 인천 옹진군의 일곱 개 면과 부천에 있는 고아원 몇 군데를 찾아 골고루 나누어 주었다. 물론 익명이었다.

"그냥 돈만 주고 끝내는 것보다는 제가 정말 그 돈으로 실질적인 도움을 드릴 수 있도록 꼼꼼히 살펴보고 싶었지요. 제가 먼저 어디라고 밝히지 않았어요. 지금은 그래도 기부가 활성화된 편이어서 좀 낫지만 당시에는 기부가 드물 때였거든요. 현장을 둘러보니 하다못해 고아원 아기들 기저귀라던가 부식, 쌀, 이런 것도 태부족이어서 굉장히 힘들어 하더라고요. 얼마 뒤에는 부천의 성모병원도 갔었죠. 그때 수녀님들이 환자를 돌보는 모습을 보니 정말 성인이시더라고요. 치매에 걸린 할머니, 할아버지를 돌보는데, 생각해보면 핏줄도 아니고 그냥 타인이잖아요."

황규철 회장의 부모는 모두 이북 출신이다. 그의 아버지는 맨몸으로 월남하여 자수성가했다. 미군이 가지고 있던 트럭을 사들여 짐을 나르기도 했고, 술 도매상을 하기도 했다. 인천에 술 도매상이 몇 개 없던 시절이다. 살림은 풍족하고 항상 배달꾼이며 일꾼들로 북적였다. 부모님의 철학은 '항상 최선을 다해서 부지런하라'는 것이었다. 하지만 아버지가 중풍으로 쓰러지시고 얼마 지나지 않아 세상을 떠난 후 황규철 회장의 인생도 달라졌다. 젊은 혈기로 겁 없이 사업을 물려받았다가 아버지에게 받은 재산을 2년 만에 모두 날리고 만 것이다. 그는 아는 분의 건설업체에 들어가 2년 동안 밑바닥부터 일을 배웠다. 그리고 자기 회사를 차려 독립했다. 사장이 공사감독과 배식담당을 겸하는 조그만 회사였다.

"처음 공사 하청한 게 저기 울도 선착장이라고, 배 타고 남단으로 내려가면 최남단 섬이 있어요. 거기 선착장 짓는 5천만 원짜리 공사를 제가 했어요. 제가 밥 나르고, 공사감독하고 전부 다 할 때였죠. 육지로 들어와서 밥 먹으면 시간이 오래 걸리니까 배에서 제가 직접 선장이랑 밥도 했어요. 선착장 공사는 간조, 만조가 있잖아요. 간조 시에만 공사를 해야 하니까 바닷물 빠지면 자다가도 뛰어나가서 공사하고 그랬어요. 그런데 일이 고된데도 하기 싫다는 생각이 한 번도 안 들었어요. 참 재미있더라고요. 옹진 쪽은 제가 만든 선착장 방파제가 많아요."

훗날 그는 첫 기부를 옹진군에다 했다. 자기가 받은 만큼 돌려주겠다고 생각했을 때, 그는 바로 지금의 그를 있게 한 첫 작업장을 떠올렸고 그곳이 바로 옹진군이었다.

"부지런히 살아온 거죠. 부모님 하던 사업이 아니고 전혀 새로운 분야에 뛰어들어 밑바닥부터 제 사업을 만든 거잖아요. 지금도 아버님 친구 분들이 한두 분 살아계시는데 그분들이 제게 해주시는 말씀이 '니 아버지 살아 있었으면 건설협회장은 생각도 못했을 거라'고 하세요. 아버지가 물려주신 자동차 몇 대 가지고 운수업이나 했지, 이쪽 일을 할 거라고는 꿈도 못 꿨을 거니까요. 그런 면에서 전화위복이죠."

기부에 대한 견해

워낙에 건설업이라는 것이 송사가 많은 분야이기도 하다. 특정 지역에 토목공사를 하고, 건물을 올리는 일이기에 그와 관계된 다양한 사람들의 견해가 충돌할 수밖에 없는 것이다. 하지만 황규철 회장은 지금까지 한 번도 송사를 당하지도, 하지도 않고 살았다. 그는 "다른 무엇보다 이 부분에는 제가 자부심을 갖고 있다"고 했다. 법리에 밝아서 시비를 피하고 살아온 게 아니라, 받으면 그만큼 돌려주려고 노력하면서 주위를 살피고 살아온 결과다. 꼭 황규철 회장뿐 아니라 다른 아너 소사이어티 회원들도 많은 이가 "돈을 제대로, 남에게 원한 사지 않고 벌었다는 데 자부심이 있다"고 했다. 그런 자부심이 기부로 이어졌다. 정당한 노력으로, 정당한 일을 하며, 부끄러움 없이 살아온 사람들이 자신이 축적한 부를 사회에 돌려줌으로써 그동안 자기를 키워준 사회에 감사를 표하는 것이다.

"저는 기부의 동기 유발에 대한 생각이 많았어요. 제가, 혹은 우리 협회가 먼저 이런 활동을 하면 지역의 다른 사람들도 많이 따라 하지 않겠느냐 하는 생각이었죠. 그런데 안 하더라고요. 그 점은 좀 안타까워요. 우리는 정말 많이 했거든요. 주위를 보면 마음이 답답할 때가 많죠. 저런 부를 가지면 뭐 하나. 어느 정도 갖고 있으면 쓸 줄도 알아야 될 텐데. 그런 거죠. 지역, 세대, 계층 간의 갈등이 많잖아요. 가진 사람이 베푼다고 모든 문제가 아주 해소될 건 아니지만 지금처럼 사회 갈등이 살벌하진 않을 텐데요."

그는 "노력해서 성공한 건 사실이고 그에 대해 뿌듯함을 느끼지만, 나 혼자 잘나서 이룬 거라곤 생각하지 않는다"고 했다. 압축성장의 파고를 타고 그도 크고 국가도 컸다. 그걸 고맙게 여기기 때문에 기부와 나눔으로 사회에 기여한다는 것이 더욱 뿌듯하다는 것이었다. 그는 지금 젊은이들은 예전 자신의 세대에 비해 한결 풍족하지만 자기 힘으로 뭔가 크고 대단한 것을 이룰 수 있는 기회는 많지 않은 것 같아 안타깝다고 했다.

"예전에는 부지런하고 사람만 착하면 어느 정도는 먹고 살고, 부자가 됐잖아요. 정주영 회장이 대표적이죠. 지금 젊은이들은 그게 어렵잖아요. 예를 들어 지금 사람들은 부모가 집 사는 거 도와주지 않으면 집을 살 수가 없어요. 우리 때에는 내가 꿈을 가지고 열심히 살면 어느 정도는 이루어졌거든요. 그런데 지금 젊은 사람은 그게 안 되니, 참 문제예요. 제가 만약 지금 시대에 태어났다면 사업을 일구는 게 더 어려웠을 것 같아요. 젊은이에게 희망과 용기를 줄 수 있는 사회가 되어야 합니다."

휴머니즘은 인간의 천성, 그게 절 여기까지 끌고 왔어요

오청 회원

기부의 원동력은 휴머니즘

'신선설농탕'으로 유명한 마흔일곱 살의 오청 대표는 지금까지 개인 돈을 10억 원 넘게 기부했다. 7000원짜리 설렁탕을 14만 2857 그릇 팔아야 버는 돈이다. 그는 1991년 아버지에게 물려받은 식당 두 개를 전국 40여 개가 넘는 한국의 대표적인 외식업체로 키워냈다. 신선설농탕의 핵심 성장동력인 '설농탕 레시피'를 그에게 전수한 사람이 아버지 오억근 씨였다. 오억근 씨도 1998년 카이스트에 선뜻 3억 원이라는 돈을 쾌척했다. 기부의 원동력이 뭐냐고 물으면 곧바로 "아버지의 영향"이라고 하지 않을까 생각했는데 웬걸 오청 대표는 마치 그런 질문을 처음 받아봤다는 듯 곰곰이 생각하다가 의외의 단어를 내놓았다.

"글쎄요, 휴머니즘이 아닐까요."

걸레 빠는 사장님

오청 대표는 브라운 계열의 염색 파마머리에 선글라스가 아닐까 싶어 한 번 더 보게 되는 스타일리시한 안경을 쓰고 다닌다. 설렁탕 체인 사장님, 하면 떠오르는 후덕한 이미지와는 솔직히 거리가 있다. 그는 "내가 신선설농탕의 아이돌"이라면서 하하 웃었다. 그리고 정색을 했다. 그는 "내가 이렇게 하고 다녀야 직원들이 어려워하지 않는다"고 했다. 그는 어르신들이나 장애인을 찾아가는 무료 밥차, '사랑의 밥차'와 직원과 회사가 힘을 모아 연간 6천만 원 이상을 기부하는 '천사 모금운동'을 이끌고 있다. 한 점포를 오픈할 때 그 하루 매출을 지역사회에 전부 기부하는 '오픈 매출 기부'를 처음 시도한 사람이기도 하다. 유일한 취미 활동인 등산마저 봉사와 연결했다. 신선설농탕 직원들은 단체로 산에 갈 때도 그냥 산만 타는 게 아니라 사장이 직접 개발한 청소도구를 지고 가서 산속 구석구석을 치우고 온다. 칭송받으려고 반짝하고 마는 일회성 프로그램이 아니라 매년 정기적으로 돌아가는 행사들이다.

"번거롭긴요? 즐거워요. 진짜 휴머니즘이라니까요. 사람들 마음속에도 그런 게 다 있지 않나요?"

오청 대표에 따르면 인간이라면 누구나 휴머니즘을 가지고 있고, 기부를 하면서 휴머니즘을 더욱 절절하게 느끼게 되었다는 것이다.

"지금은 신선설농탕이 큰 회사가 됐지만, 어려선 참 힘들었어요. 부모님이 식당 일을 계속해오셔서 진짜 이사를 많이 다녔어요. 주로 역전이나 시장통, 유흥가였죠. 식당에 딸린 살림방에서 가족이랑 종업원들 합쳐 열 명이 같이 잤어요. 그때는 연탄을 땔 때니까, 연탄가스에 목숨을 잃을 뻔한 적도 한두 번이 아니었죠." 그러던 어느 날, 오 대표의 아버지가 '이번에도 망하면 끝장'이라는 심정으로 서울 신사동에 설렁탕 식당을 냈다. 일 보는 아주머니가 깜빡 조는 바람에 국물이 바짝 졸아들었다. 손님들이 노발대발할까 봐 걱정하면서 내갔는데 그게 도리어 '대박'이었다. 이튿날부터 식당 앞에 기다랗게 줄이 생겼다.

그러나 오청 대표가 처음부터 아버지 사업을 물려받고 싶었던 건 아니었다. 그는 한양대 공대를 졸업했다. 아버지와 다른 길을 가고 싶었다. 아버지가 두 눈을 부릅뜨고 닦달해서 할 수 없이 가업을 물려받았다. 물려받은 직후에는 '아버지와 다르게 해보겠다'는 생각에 여러 가지 새로운 시도를 했다. 지점을 잇달아 내고 한참 승승장구할 때 경제위기가 왔다. 직원을 여럿 내보내면서 흔들거리는 조직 분위기를 다잡기 위해 면담을 했다. 그가 비정규직 없는 회사, 정리해고 없는 회사를 목표로 삼기 시작한 게 이때부터다. 회사 차원에서, 개인 차원에서 기부와 나눔에 눈뜬 것도 이때였다.

"몸으로 열심히 돕다보면 제 마음이 어느덧 행복해져요. 저희 회사에서 하는 교육 중에 중증 장애인 시설 방문프로그램이 있거든요. 스무 명 정도 가면 주로 허드렛일을 해요. 정리, 목욕, 산책시켜드리고……. 설렁탕 배식하러 갔지만 그 일만 달랑 하는 게 아니라 풀타임으로 하루 종일 하니까요. 저부터 직접 무릎 꿇고 걸레질도 합니다. 걸레가 막 쌓여요. 걸레 빠는 사람이 없으면 제가 빨아요. 사장이 빨고 있으니까 복지사들이 들어와서는 사장님 왜 걸레 빨고 계시냐고 그러죠. 저는 '걸레 빠는 게 즐거워요. 집에서 자주해요' 그러죠. 그랬더니 제가 걸레 빠는 사장으로 별명이 붙었어요. 하하. 즐겁잖아요."

직원들과 함께 봉사활동을 하고, 같은 목적을 가지고 사람들을 돕는 것이 그한테는 초심을 일깨우는 일이다. 몸을 움직이기 힘든 분들 밥을 떠먹여주고, 운동시키고, 씻기고, 옷 입혀주면서 지금 자신의 행복을 되돌아보게 된다는 것이다.

"그렇게 다녀오면 사람들 마음속 휴머니즘이 자연스럽게 일어나요. 그게 아주 짱입니다!"

휴머니즘을 풀이하자면 '인간애'라고 할 수 있을 것이다. 이것이 확장되면 '인류애'가 될 것이다. 오청 대표의 휴머니즘을 전통적인 한국의 정서로 풀자면 '측은지심'에 해당될까. 그러나 그가 강조하는 것은 단순히 가진 자가 어려운 자를 도와주는 시혜로 그치는 것이 아니었다. 주는 것 이상으로 얻는 것이 더 많다는 점. 그것이 오청 대표 식 '휴머니즘'의 특징이었다. 이러한 과정이 선순환을 만들면서 도움을 받는 사람과 도움을 주는 사람이 동시에 좋은 영향을 나누어 갖고, 직원들이 살고, 기업이 살고, 그럼으로써 사회가 전체적으로 윤택해진다는 발상이다.

돈보다는 사람이 먼저다

아마도 그가 기부와 봉사에 눈을 뜨게 된 것도 결국은 사람을 중시하는 가치관 때문일 것이다. 이를 확인시켜주는 사례가 하나 있다. 요식업의 특성상 주부사원들이 많은데, 이들이 회사에 지원할 때는 살면서 대부분 형편이 가장 어려운 때인 경우가 많다. 게다가 하루에도 수많은 고객을 상대해야 하는 까닭에 직원들이 고객을 대하는 태도에도 진심을 담기 어려울 때가 있다. 그냥 돈 버는 일이라고 생각하면 너무 힘든 일인데, '남을 돕는 일'이라고 생각하면 마음가짐이 달라진다. 내가 노력해서 맛있는 음식을 대접하고 그 대가로 내 가족이 월급을 받고, 나아가 회사가 수익 일부를 꾸준히 사회에 기부한다는 데서 나오는 자긍심이다. 기부와 봉사활동을 통해서 자신의 가치를 다시 되찾고, 이 사회에 의미 있는 존재로 살아가고 싶다는 의지를 되살릴 수 있으니 실은 이보다 더 훌륭한 마음의 치료가 없다는 것이 오청 대표의 지론이다. 과연 그가 '사람'보다 '돈'을 중시했다면, 오직 '효율적인 경영 관리'만을 추구했다면 이런 식의 봉사활동이 가능했을까?

더불어 그는 각 매장 관리자들에게는 매달 책을 읽게 한다. 그가 직접 선택한 책의 앞장에 그 책을 고른 이유와 느낀 소감, 실천과제 등을 써 붙이고 받아본 직원들의 이름을 일일이 직접 적어서 나눠준다. 직원들의 독후감도 꼭 받아 본인이 하나하나 읽는다. 이 일 때문에 한 달에 서른 권 이상 책을 사서 읽는 것은 기본이고 이 중에서 열 권을 읽고 그중 한 권을 선정한다. 물론 처음에는 직원들의 반대도 만만치 않았다고 한다. 힘든 노동에, 가사에, 주부사원들이 언제 짬을 내서 책을 읽을 수 있을까. 더구나 그가 권하는 책은 『왜 세계의 절반은 굶주리는가』처럼 독파하는 데 상당한 노력이 필요한 진지한 책인 경우가 많다. 하지만 직장에 책이 늘 꽂혀 있으니 직원들도 점차 '아, 우리 회사가 이런 생각을 하는구나. 사장님이 이렇게 생각하는구나' 하는 공감대를 갖게 된다. "자식들이 엄마가 책 읽는 걸 보고 '우와' 하더라"는 직원도 많다. 5년째 진행 중인 독서경영은 직원들이 자랑스러워하는 회사의 문화가 되었다. 오청 대표는 이것을 사회에 좋은 영향을 끼쳐보려는 시도라고 자신 있게 말했다.

"봉사를 통해, 또 독서경영을 통해 제가 얻는 것이 아주 많아요. 몇 년 전에는 앞으로 우리 회사가 뭘 할까, 설문조사를 한 적이 있었거든요. 새로운 브랜드를 만들자는 뜻이었어요. 그런데 반이 넘게 사회봉사를 하자는 말씀인 거예요! 우리 회사 직원들은 경제적으로 넉넉하지 않은 분들이 많습니다. 그런데 바로 그런 분들이 회사가 돈 버는 데만 급급하지 않고 봉사해주기를 바랄 때, 정말 머릿속에 불이 켜진 듯 환한 느낌이었어요. 큰 깨달음이었죠."

그의 회사는 원하는 사람이라면 누구라도 정규직으로 일할 수 있는 직장으로도 유명하다. 그는 한때 상당수 직원을 내보내는 경험을 한 뒤 오히려 '사람'의 가치를 더 분명하게 알게 되었다고 한다. 그의 휴머니즘이 갑자기 튀어나온 슬로건이 아니라는 증거다. 이제 그는 기업에 사람이 늘어나는 것을 두려워하지 않는다. 그는 "인건비 늘어나는 것은 축복"이라는 신념을 가지고 있다. 사람이 늘어나는 것은 다 늘어날 만한 이유가 있기 때문에 늘어나는 것이고 이를 통해 그 사람 생활이 안정되는 것이 중요하며, 일자리를 창출하는 것도 기업이 사회에 기여하는 중요한 봉사라는 것이다.

이웃과 더불어 봉사하는 삶, 이것이 인간의 길

김백영 회원

누구에게 장학금을 주어야 할까?

당신 앞에 두 사람이 있다. A는 공부를 잘하는 사람, B는 그보다 공부를 못하지만 열심히 하고, 환경은 더 어려운 사람이다. 당신이 둘 중 한 명에게만 장학금을 줄 수 있다면 누구를 선택할 것인가? 이것은 옳고 그름에 대한 문제가 아니라 기부철학에 대한 문제다. 어떤 이들은 A에게 장학금을 주어야 한다고 생각할 것이다. 하지만 법무법인삼덕의 김백영 대표변호사는 B에게 장학금을 줄 사람이다. '둘 중 어느 쪽이 외부의 지원이 없으면 공부를 중단해야 할 상황인가', 즉 '둘 중 누가 더 절박한가'가 그의 기준이다.

"그동안 저도 학교에 기부를 많이 해왔지만, 돈이 없어서 공부를 못하는 상황은 없애야 한다는 게 제 생각이에요. 공부를 잘하고 못하고는 그 다음 문제예요. 공부를 잘하지만 경제적 도움이 필요 없는 사람한테는 장학금이 가서는 안 되지 않을까요? 학비를 충분히 낼 수 있는데 공부 잘한다고 장학금을 받는 것은 반대예요. 오히려 그런 사람은 자기에게 오는 장학금을 다른 학생에게 넘겨주어야 한다고 봐요."

김백영 변호사는 판사 출신이다. 판사가 되기 전에는 6년 동안 세무공무원으로 일했다. 그는 정통 엘리트 코스를 거쳐 판사가 된 사람이 아니라, 남보다 호되게 고생하며 지금 가진 모든 것을 오래 걸려서 자기 힘으로 일군 사람이다.

"저 같은 경우는 그야말로 다양한 경험을 통해서 돌고 돌아 목적지에 왔습니다. 물론 어떤 사람은 저에게 '허송세월 보낸 거 아니냐'는 말을 할 수 있지만 결코 그렇지 않았다고 봅니다. 책만 읽는다고 가치가 있는 건가요? 노동하는 것은 가치가 없는 게 아니거든요. 전 다양한 경험을 했기 때문에 그것들이 오히려 판사를 하거나 변호사를 하는 데 아주 유용한 자양분이 되었다고 믿어요. 다양한 경험이 부족하면, 판결하거나 판단하는 데는 굉장히 위험하다는 거죠."

판사는 우리 사회 가장 낮은 곳부터 가장 높은 곳까지, 사회의 맨얼굴을 다 만나는 직업이다. 검사와 변호사의 갑론을박을 따져 듣고, 표면적인 사건의 심층부로 들어가서 진실을 밝혀내야 하는 직업이다. 김백영 변호사에게 인생을 이해하는 눈을 준 것은 법서가 아니라 부산 감만동 달동네였다.

연탄 장수에서 판사가 되기까지

그는 사 남 중 장남으로 태어났다. 아버지는 육군 중위로 전역했다. 군인을 우대하던 세상이지만 아버지는 출세하지 못했다. 아버지는 '남한테 폐를 끼치지 않겠다, 새치기는 하지 않겠다'는 철칙을 가진 사람이었다. 그만한 경력과 학식이면 더 나은 기회가 분명히 여러 번 있었으련만 아버지는 달동네를 벗어나지 못했다. 당연히 어머니가 고생을 많이 할 수밖에 없었다. 집안이 남들보다 훨씬 어렵다는 걸 김 변호사는 초등학교 때 벌써 알고 있었다. 아버지는 연탄 가게를 했고 김 변호사는 초등학교, 중학교, 고등학교까지 학창시절 내내 짬 날 때마다 연탄 배달을 했다.

"부산 감만동이라고, 조그만 지게에 연탄을 지고 날랐어요. 산동네니까 연탄을 그렇게 배달한 거죠."

방학 때는 막노동 현장에서 벽돌을 날랐다. 어떻게든 힘든 부모를 도와야겠다는 마음이었다. 돈이 없어서 책도 못 살 때가 많았다. 어서 취직을 해 돈을 벌어야겠다는 생각에 상고에 진학했다. 은행원을 꿈꾸던 그가 법조인으로 목표를 바꾸게 만든 일이 고3 때 벌어졌다.

"고등학교 3학년 때 아버님이 어렵게 모은 돈을 사기를 당했어요. 그 일을 겪고 아버지가 병석에 누웠거든요. 제가 대통령께 도와달라는 편지를 썼고, 비서실장 명의로 회신을 받았습니다. '민사사건이라서 국가가 개입하기 어렵다'는 내용이었습니다. 그때 제 생각이, 내가 판사나 검사나 되어야겠다. 그래 생각했어요."

세무공무원으로 일하며 주경야독한 끝에 그는 사법시험에 합격했다. 4년간 판사로 봉직한 뒤 1991년도 변호사로 개업했다. 기부를 시작한 것은 그때부터였다. 모교와 어린이재단, 유니세프 등에 정성을 보태고 소년소녀가장들과 결연을 맺었다. 그는 2010년, 신문에 실린 아너 소사이어티 기사를 보고 취지에 공감하여 회원이 되었다.

"기부에 대해서는 제 주변에 굉장히 이야기를 많이 해요. 도대체 나의 존재는 뭐냐. 삶을 어떻게 살아야 되느냐. 성현들이 하신 말씀을 주제로 삼고 성현들이 살아간 모습을 따라갈 수 있으면 그게 아주 삶을 행복하게 하는 모델이죠. 성현들 말씀을 요약하면 결국

'도움을 필요로 하는 사람을 돕는 것이 옳고 중요하다'는 거잖아요. 인간은 좀처럼 자기 바탕에서 크게 변하지 않는 존재지만 인간이 기적적으로 아주 크게 바뀌는 경우가 세 번 있어요. 자식이 죽을 때. 배우자가 먼저 죽을 때. 마지막으로 부모님이 돌아가셨을 때. 이럴 때 삶의 근원적인 문제를 성찰할 기회가 주어지는 거예요. 이때 자기 삶을 새로 정립하지 않으면 동물적인 수준에서 우리 삶이 끝납니다."

김백영 변호사는 1993년 아버지의 죽음 이후로, 인간의 삶은 본질적으로 무상하다는 생각을 하게 되었다. 내가 가진 소유물도 일시적인 것에 불과하고 영원하지 않으며, 그 집착으로부터 얼마나 벗어나느냐에 따라 인격의 질이 달라진다고 깨달았다. 아마도 그런 생각은 이전에도 마음속 깊숙이 뿌리 내리고 있었을 것이다. 공직을 떠나 변호사로 개업하면서 경제적 여유가 생기고 부친의 죽음으로 인생을 다시 한번 돌아보게 되면서 마음속에 간직해온 나눔의 씨앗이 열매를 맺게 되었을 것이다.

'적선지가에 필유여경'

"우리 사회는 자본주의로 성공한 사회예요. 미국에서 온 자본주의인데, 미국을 보면 국가 간섭을 최소화하고, 세금을 적게 내게 해

최대한 개인의 자유를 보장해서 경제발전을 한 거잖아요. 부의 집중으로 발생하는 양극화는 기부를 통해 보완을 했는데, 이런 식으로 사회적 약자들도 지원을 하는 시스템이 있기에 미국의 자본주의가 유지된 거라고 생각해요. 물론 유럽처럼 아예 평등을 지향하는 시스템도 있지요. 헌데 우리나라가 선택한 신자유주의는 미국 시스템에 뿌리를 두고 있어요. 문제는 보완책을 갖춘 미국 자본주의와 달리 우리는 보완책 없이 달려왔다는 점이죠. 이런 식으로 가다가는 사람의 사회적 지위가 모두 태어날 때 결정되는 사회가 될 것 같아요. 우리가 후천적으로 뭔가 시도하는 게 굉장히 어려운 사회가 되는 거예요. 그러다보면 사회 갈등이 임계점에 도달하겠죠. 사회주의가 몰락한 것처럼 자본주의도 몰락할 수 있다는 거죠. 자본주의가 극단적 경쟁만 추구하면 분명 소외되는 사람이 나오고, 이게 쌓이면 사회 전체가 위태로워질 수 있죠. 이제 우리는 서로 공존할 수 있는 시스템이 필요해요."

그는 '적선지가(積善之家)에 필유여경(必有餘慶)'이라는 주역의 구절을 인용했다. 적선하는 집에는 반드시 넉넉한 경사가 있다는 뜻이다. 넉넉한 경사란 자신뿐만 아니라 후손에게 내려간다는 깊은 뜻이 내재되어 있다. 인간사의 근본적인 순리에 대한 오랜 경험이 깔려 있다고 그는 말했다. 그의 장녀도 2010년 사법시험에 합격해 법조인의 길을 잇고 있다. 그의 아버지가 비록 가난해도 지나가는 사람과 막걸리 한잔이라도 나누며 평생을 살았듯 자신도 자기가 나눌 수 있는 뭔가를 나누며 살아야 비로소 우리 사회가 자본주의에 내재된 한계를 극복해나갈 수 있으리라고 그는 믿고 있었다.

"잔은 비워야 채워지는 거예요. 돈이 많으면 많을수록 다 가지려고 하지 말고 그럴수록 거꾸로 기부를 해야 한다고 봐요. 저의 친척 어른 한 분도 1억 기부를 하려고 했어요. 그런데 자식들이 반대해서 못 하고 있거든요. 아들 하나는 의사고 또 다른 하나는 대학교수고, 딸은 출가하여 남편이 은행지점장입니다. 자녀들이 모두 명문대학 나오고 경제적으로 부유한 사람들인데도 자신의 돈도 아니고 부모가 부모 돈을 기부하는 것조차 막고 있는 것입니다. 학식이 많고 적고의 문제가 아니라 사람이 살아가는 데 있어서 양식의 문제 아닐까요."

수목장 할 때 필요한 나무
한 그루만 있으면 됩니다

최신원 회원

을지로에서 보냅니다

IMF 외환위기의 후폭풍으로 독거노인과 노숙자가 늘던 2000년대 초반. 사회복지공동모금회와 기아대책본부에 목돈을 꾸준히 입금하는 후원자가 한 명 있었다. 입금자는 '을지로 최신원'. 모금회 직원들은 이 사람이 누굴까 궁금해 했다. 하지만 "이 최신원이 그 최신원일 줄은 까맣게 몰랐다"고 한다. 아너 소사이어티 회원 가운데 유일한 재벌인 최신원 SKC 회장 얘기다.

"물론 돈 낼 때 SKC 최신원, 하면 쉽죠. 그런데 저는 그런 게 싫었어요. 타이틀이 중요한 게 아니라 마음으로 내는 게 중요한 거 아닙니까. 더군다나 회사가 내는 게 아니라 제 개인적인 차원에서 내는 거였으니까요."

최 회장은 지금까지 모금회에 17억 3800만 원을 기부했다. 모두 개인 돈이다. 그는 거침이 없고 시원시원한 성격이다. 해병대에 자원 입대했다는 얘기를 들으면 '아 그렇구나' 싶다. 해병대 가기 전에는 내향적인 성격이었다.

"제 형도 해병대를 갔다 왔고 저도 해병대를 만기 제대했습니다. 아버님(고 최충건 선경직물 대표)이 그렇게 시키셨지요. 저는 굳이 노블리스 오블리제라는 말을 쓰지 않더라도 사회적 지위가 높은 집안의 자제일수록 모범을 보여야 한다고 생각합니다. 군대에서 어려움도 겪어보고, 다양한 사람도 만나봐야 비로소 성인이 되는 거예요. 국가와 민족이라는 개념도 비로소 제대로 생기는 거고요. 안 그러면 평생 자기중심적으로 세상을 보게 될 위험이 높죠. 우리 아버님 덕에 해병대를 다녀왔지만 다시 가라고 해도 해병대에 갈 것 같습니다."

그의 집무실에는 그때 쓰던 해병대 모자가 진열되어 있다. 그가 얼마나 해병대의 기억을 소중하게 생각하는지를 여실히 보여주는 장면이다. 한국의 상류층 가정에는 그때나 지금이나 이런저런 꾀를 내서 군 복무를 피하거나 어쩔 수 없이 하더라도 고생 안 하는 보직을 찾아다니는 사람이 많다. 하지만 그는 당당하게 군대에 다녀왔다. 아버지가 그에게 해병대 가라고 한 것처럼 그도 아들에게 해병대에 가라고 했다. 아들과 조카가 군말 없이 따랐다는 게 그의 자랑이다.

"있는 집 아들일수록 꼭 군대 보내야 합니다. 신문에 대기업 오너 일가 군 복무 기록이 죽 나온 적이 있는데 참……. 있는 집 자식은 빠지고 없는 집 자식만 고생하면, 국민이 어떻게 화가 안 나겠어요? 해병대 갔을 때 어찌나 배가 고프던지……. 주방에서 라면을 훔쳐 먹다 고참에게 걸려 눈에 불이 번쩍 나게 얻어맞았어요. 근데 그때 굶주리고 매 맞은 게 내 인생에 크게 보탬이 됩디다. 배를 곯아야 '짬밥' 맛있는 줄 알고, 뼈가 부서지게 훈련해봐야 어려운 고비 만났을 때 '이쯤이야' 하거든요. 군대 말고 어디 가서 그런 교훈을 배우겠어요? 요즘 집집마다 스무 살 넘어도 엄마가 밥 갖다 줘야 밥 먹는 아들이 많지요? 그런 아이가 사회에서 성공하겠소?"

지위와 상관없이 모두 같은 인간

최신원 회장의 할아버지(고 최학배 선생)는 수원에서 1년에 3백 가마를 수확하는 지주였다. 넉넉한 사람일수록 주위를 살펴야 한다는 게 그의 철학이었다. 그의 집 논에 모 심는 날이 온 동네 잔칫날이었다. 일하는 동네 사람들을 위해 꼭 돼지를 잡았기 때문이다. 다 같이 모여 앉아서 고기를 나누어 먹었고 사람들이 돌아갈 때면 최신원 회장의 할머니가 미리 만들어둔 누룽지를 나누어 주었다. 지금이야 별 것 아닌 것 같지만 당시만 해도 그만한 밥솥에서 그만한 누룽지가 나오는 집이 동네에서 최신원 회장의 집밖에 없었다. 그렇게 온 동네가 누룽지를 나누어 먹으면 누가 시키지 않아도 '한 식구'라는 느낌이 들었다. 식구(食口)라는 말 자체가 '음식을 나누어 먹는 입'이라는 뜻이 아닌가. 최 회장은 공생을 중시하는 집안의 정신을 자연스럽게 몸으로 익히며 자랐다.

"지금도 저는 우리 회사 직원들하고 대화를 잘 나눕니다. 저는 그 사람을 내 가족이고, 동료라고 생각하지 절대로 내가 회장이니까 높은 사람이다, 라는 마음이 없어요 전혀. 저는 기업을 하는 사람들은 항상 옆을 봐야 한다고 생각해요. 내가 있고 그 다음에 직원이 있는 게 아니라 직원이 있고 제가 있는 거예요. 그런 관계가 축적되면 서로가 믿음이 생기잖아요."

최신원 회장은 매년 직원 자녀들 중에서 대학에 입학하는 아이들에게 두 가지 선물을 준다. 공부 열심히 하라는 뜻이 담긴 볼펜 한 자루, 그리고 빳빳한 새 돈 50만 원이 담긴 봉투다. 입학을 정말 축하한다는 편지도 곁들인다.

기부의 칭찬 릴레이가 필요하다

그렇지만 기부활동이 오로지 기쁨만 줄까. 마음먹고 큰돈을 내놨다가 예상치 못 한 역작용이 생겨 당황하고 화내는 기부자도 많다. 좋은 일에 쓰라고 준 돈이 전혀 엉뚱한 일에 흘러들어가 분통을 터트리기도 한다. 열심히 살라고 기부했건만 도움을 받은 사람들이 도리어 기부에 의존하게 되는 경우도 있다. 하지만 그는 생각이 달랐다.

"저는 그건 잘못된 생각이라고 봐요. 우리나라에 기부와 나눔의 문화가 생긴 지 얼마나 됐겠어요? 당연히 정착 과정에 진통이 있겠죠. 역사가 얼마 안 됐으니까 어느 정도 뿌리가 내릴 때까지는 일단 널리 전파하는 노력이 필요합니다. 우리가 태교를 할 때, 평생 갈 좋은 성격을 만들기 위해선 부모가 절대 싸워서는 안 되잖아요. 늘 좋은 음악을 듣고 책도 많이 보고. 기부도 같은 거예요. 지금 기부를 활발하게 하는 사람들이 태교하는 마음으로 우리나라 문화를 만들어가야 해요. 그게 당연한 책임이지요."

서울 을지로를 내려다보는 그의 집무실에는 남들 사무실에 없는 비품이 세 가지 있었다. 수박만 한 돼지저금통, 인조견으로 만든 실물 크기 수탉 모형, 그리고 박정희 대통령 부부의 초상화다.

돼지저금통은 동남아 출장 갔다 길에서 보고 사온 것이다. 그는 씩 웃으며 돼지를 쓰다듬었다. "우리나라 돼지저금통은 이만큼 큰 게 없거든. 오며 가며 500원짜리 넣다보면 경차 한 대 뽑을 돈이 나와요."

수탉 모형과 박정희 대통령 초상화에 담긴 의미는 뭘까. SKC 그룹의 뿌리가 된 '선경직물'이 처음으로 해외에 수출한 상품이 바로 '닭표 안감' 상표를 단 인조견이었다.

"허허벌판에서 일어선 그때 그 정신을 기억하려고 인조견으로 수탉 모형을 만들어 세워뒀어요. 하지만 아무리 품질 좋다고 '닭표 안감'이 혼자 큰 게 아닙니다. 정부가 경부고속도로 안 뚫었으면 오늘날 삼성·SK·LG가 어떻게 있겠어요? 박정희 대통령 부부의 초상화를 걸어둔 것은, 국가와 공동체의 고마움을 언제나 기억해야 한다고 믿기 때문입니다."

최신원 회장은 자신이 앞으로 얼마를 살지는 모르지만 몇 년 뒤에는 몇 살이 되고, 또 몇 년 뒤에는 무엇이 되느냐보다는 이제는 살면서 남을 위해서 무엇을 했고 얼마만큼 일했느냐를 생각할 것이라고 했다.

"저는 기부에도 칭찬 릴레이가 필요하다고 봐요. 사회적으로 칭찬할 것은 칭찬해주고, 그럼으로써 자부심을 갖게 하는 거죠. 아너 소사이어티도 행복하기 위해서 기부를 하는 사람들이 많아야 하고,

그 돈 가지고 정말 베풀 줄 아는 소사이어티, 그런 사회를 만들어야겠죠. 5원을 넣건 10원을 넣건 뭔가 자꾸 기쁨이 생기고, 그 기쁨이 사람과 사회를 바꾼다는 것을 널리 알려서 큰돈 내는 사람은 큰돈 내는 대로, 또 작은 돈 내는 사람은 또 그대로 존중을 받아야 합니다. 우리가 그 문화를 만들어야 해요. 제가 죽을 때 재산 다 가지고 가겠어요? 얼마나 가지고 갈 수 있겠어요? 수목장 할 때 필요한 나무만 하나 사놓으면 되는 겁니다. 나머진 다 필요 없는 거예요."

하루에 열 사람 만나고 천 자를 읽고
만 보를 걸어라, 그리고 한 가지 좋은 일 하면
그게 최고 건강법

우재혁 회원

천만 원으로 당신은 무엇을 할 것인가

하늘에서 천만 원이 뚝 떨어진다고 상상해보자. 이 돈으로 당신이 하고 싶은 일은? 많은 사람 머릿속에 그동안 못 먹은 음식을 잔뜩 사 먹고, 신나게 노는 장면이 스쳐갈 것이다. 아마도 멋진 곳으로 여행을 떠나고 싶다는 사람도 많을 게다. 우재혁 경북타일 대표는 좀 달랐다.

"제가 부부 동반 모임이 있어서 해외를 나가본 적이 있는데, 우리나라만 한 데가 없던데요? 제가 영어 잘하고 중국어 잘하고 그러면 좋겠지만 가이드 얘기 듣고 다녀보면 들을 때만 반짝하고 나중에는 기억도 안 나고, 별 재미가 없더라고요. 차라리 그 돈으로 기부를 하겠습니다. 어릴 때 시골에서 손님 오면 우리 식구는 꽁보리밥 먹거나 아예 굶어도 손님에게는 꼭 보리밥에 쌀 섞어서 대접해서 보내던 집이 저희 집이었거든요."

우재혁 대표에게 이런 마음을 가르친 사람은 아버지였다. 우재혁 대표의 어머니는 그가 태어난 지 18개월 만에 세상을 떠났다. 그의 아버지는 자신이 재혼하면 혹시라도 자식들이 새어머니 밑에서 구박받을까 봐 재혼을 하지 않았다.

"평생 고생만 하다 돌아가셨지요 아버지가. 우리 아버지가 진짜 대단하신 게, 제가 아마 초등학교 4학년인가 5학년 때였을 거예요. 한 번은 저를 데리고 장에 가신 적이 있거든요. 20리 길을 걸어서 장에 도착해서 고추랑 콩을 내놓고 파는데, 보통 그렇게 가면 자기 애들 맛있는 거라도 사주잖아요. 물건은 다 팔았는데 아버지가 점심을 안 사주는 거예요. 사달라고 했다가는 혼날 거 같아서 사달라고는 못하고 있는데 아버지가 겨우 저를 데리고 간 곳이 그 장터에서 가장 싸구려 국수 파는 집이었어요. 그런데 웬걸, 저만 사주고 아버지는 안 드시는 거예요."

어린 마음에 우재혁 대표는 아버지에게 '아버지는 왜 안 잡수시는교' 하고 물었다. 아버지는 '니만 먹으면 된다. 나는 배 안 고프다' 했다. 그때 그는 아직 어렸다. 정말로 아버지는 별로 배가 안 고픈가 보다 했다.

"그런데 돌아오는 길이었어요. 낙동강이 흐르고 그 위에 외나무다리를 해놨어요. 그런데 아버지가 다리 앞에서 주저앉는 거예요. 저는 왜 그러시는지 몰랐죠. '아버지 왜 앉아요?' 하니까 아버지가 '오냐, 조금만 있어 봐래이' 그러면서 숨을 몰아쉬시더라고요. 그러다가 겨우 기운을 차리고 다리를 건너왔어요. 집에 와서 형님한테 이야기하니까 형님이 '니 모르제? 아버지가 속이 비어서 현기증이 나신기다' 하더라고요. 아, 우리 아버지가 이렇게 고생을 해가면서 우리를 키우는구나. 그때 알았지요."

가출 그리고 고난

낙동강 외나무다리 앞에 주저앉은 가난한 아버지. 그 앞에 쪼그려 앉은 조그만 아이가 나중에 개인 고액 기부자 모임 '아너 소사이어티' 회원이 될 거라 예상한 사람이 몇 명이나 될까. 시계를 돌려서 그의 젊은 시절 이야기를 더 들어보기로 하자.

아버지가 끼니를 굶어가며 자식들을 키웠지만 칠 남매 중 막내였던 우재혁 대표는 아무래도 다른 길을 찾아가겠다는 결심을 하게 된다. 결국 1960년 4월, 소 판 돈을 훔쳐 들고 가출을 감행했다. 대구에 사는 친구 형님의 소개로 대구 변두리 목공소에서 일을 시작했다.

"거기서 3개월 일했죠. 봉급을 한 2만 원에서 3만 원은 받아야 하는데 그에 훨씬 못 미치니 하숙비를 제하고 나면 월급이 없는 거예요. 더구나 석 달 치 월급을 떼였어요. 친구가 '너희 집 가자' 하니 '나는 못 간다. 집에 가면 아버지한테 맞아 죽는다, 성공하려고 나온 놈이 밥값도 못 하고 돌아가면 동네 창피해서 죽는 게 낫다, 나는 집에 못 간다' 이렇게 버텼지요. 그리고 다시 자전거 수리점을 소개받아서 거기서 3년을 일했어요."

그 뒤로도 우재혁 대표의 삶은 기구했다. 나이는 어리고, 지켜주는 부모도 없으니 3년을 거기서 일했지만 역시 제대로 보수를 받지 못했다. 그 상태로 군에 입대해 만기 제대를 했다. 배운 기술을 살려 자전거포를 냈지만 장사는 시원치 않았다. 자전거포에 딸린 단칸방에서 아내와 아이들을 건사하며 살았는데 처마가 없어 비가 오면 연탄 화덕을 점포 안에 들여놓고 밥을 해 먹었다.

"그때까지는 진짜 어렵게 살았죠. 그런데 안동에 당시 촌수로는 팔촌인가 되는 집안 형님이 도기하고 타일을 판매하고 있었어요. 제가 가끔 가면 '잘되나' 하고 물어보셨거든요. '잘되면 여기 옵니까.

잘 안 되니까 놀러오잖아요' 하면 '그거 치워버려라. 여기는 한 달에 백만 원 넘게 번다. 니 꼬라지 보니까 일 년에 백만 원 벌겠나' 하시는 거예요. 눈이 번쩍 뜨였죠. 그래서 타일장사를 시작하게 됐어요. 형님 도움이 컸죠."

그렇게 가게를 내게 된 곳이 바로 울산이었다. 신정동 신정시장 앞에 타일과 세면기를 파는 경북타일을 열었다. 그렇게 꾸준히 성장해나가던 사업은 1998년부터 2000년 사이 크게 성장했다.

매일 한 가지 좋은 일을 하면……

2008년 9월 23일, 그는 아너 소사이어티 최초의 지방 회원이 되었다. 사회복지공동모금회에 기부한 것은 더 거슬러 올라가 2003년부터다. 당시 울산시민대상이라는 상을 타게 되었던 우재혁 대표는 상금으로 받은 500만 원에 개인 돈 500만 원을 더해 사회복지공동모금회에 기부했다.

"개중에는 저보고 시민대상을 탈 자격이 없다는 분도 더러 계셨어요. 제가 많이 느꼈지요. 맞다, 맞기는. 내가 인물이 잘난 것도 아니고 또 많이 배운 것도 아니고 봉사나 기부는 나보다 더 많이 한 훌륭한 사람들 훨씬 많을 건데. 그런 생각이 들면서 아, 정말 한 번만 기부를 하면 내가 부끄러운 일이 아닌가, 그런 생각이 들더라고요. 그래서 특별한 경우가 아니라면 지속적으로 누군가를 위해 기부를 하는 게 좋지 않겠는가 생각했어요. 그게 지금까지 온 계기가 된 거죠. 제가 고생을 했다고는 하지만 우리 아버지가 한 고생하고는 게임이 안 되죠. 아버지는 가난하게 사셨지만 늘 바른 분이었어요. 시골에서 남의 집 잔치에 가면 옛날에는 일일이 그 가족들이 와서 밥 차리고 설거지하고 손님 접대 다 하잖아요. 시골에선 다 그리 했어요. 아버지는 그게 미안해서 남의 집에 가도 밥 때 되면 안 드시고 그냥 오시는 거지요. 폐를 끼칠까 봐. 반면 우리 집에 온 손님은 정성껏 대접하고요. 동네 어른들이 늘 하시던 말씀이 너도 네 아버지 반만 닮으라는 말씀이셨어요. 명심하면서 삽니다."

지금도 그는 아버지를 못 잊는다. 그 기억 때문에 일 년에 한 번씩 고향 어르신들을 모시고 단체여행도 가고 회식도 시켜드린다. 그는 이렇게 기부하는 게 남들뿐 아니라 자기 자신에게 더 도움이 된다고 했다. 당연히 기부가 건강의 최고 비결이라는 얘기였다.

"요 근래 주위를 살펴보면 살아가는 모습이 크게 세 가지더라고요. 자기만 알고 남 도와주지도 않을뿐더러 신세도 안 지고 사는 개인주의자들, 그리고 진짜로 완전히 남을 괴롭히는 사회악 같은 사람들. 그리고 남은 하나가 남을 위해서 자기 목숨을 버리고 자기 것을 모두 퍼서 도와주는 사람들. 그런데 마지막 경우의 사람들이 정말로 멋지게 사는 사람이라고 저는 생각해요. 똑같을 수는 없지만 비슷하게라도 그런 식으로 살고 싶어요. 사업하는 사람 보면 세금 안 받고 물건 가져가서 세금 안 받고 파는 걸 참 좋아해요. 이런 걸 '무거래'라고 하는데, 그거 절대 하면 안 됩니다. 저는 떳떳하게 돈 벌어서 정의롭게 쓰고 싶어요. 하루에 열 사람 만나고 백 자를 쓰고, 천 자를 읽고 만 보를 걸어라, 그리고 한 가지 좋은 일 하면 그게 최고 건강법이라잖아요. 저에게는 기부와 나눔이 건강 유지의 비결입니다."

5장 기부의 유전자, 다시 만난 어머니

네팔 소녀 밍마 참지의 미소에서 어머니를 만나다

원영식 회원

나눔의 행복은 대물림 된다

세계 제일의 부자였던 록펠러. 한참 돈 버느라 바쁠 때 그는 자신의 삶을 송두리째 바꾸어놓는 체험을 하게 된다. 쉰다섯의 나이에 불치병 진단을 받고 1년을 넘기지 못할 거라는 선고를 받은 것이다. 고통 속에서 병원 복도를 가던 그의 눈에 우연히 이런 글귀가 들어왔다. '주는 이가 받는 이보다 행복하다.' 바로 그때부터였다. 록펠러는 자신의 인생이 밑동부터 뒤바뀌는 감정을 경험한다. 내가 무엇을 위해 돈을 버는가. 세계 최고 부자로 살다가 부자로 죽는다는 것이 무슨 의미인가. 자신의 삶의 근본을 되돌아보게 된 것이다. 그 감동을 실천에 옮겨야겠다고 결심한 찰나, 병원비가 없어 입원을 못 하고 있는 소녀를 알게 된다. 소녀가 병원 측과 다투는 소리를 듣고 록펠러는 비밀리에 소녀의 병원비를 지불한다. 얼마 후 소녀는 회복되었고, 록펠러는 자신의 생애에서 가장 행복한 감정을 느낀다. 이 체험을 바탕으로 그는 록펠러재단을 만들어 사회공헌에 앞장서게 된다. 바로 이 시기의 록펠러가 없었다면 우리는 어쩌면 록펠러라는 이름을 기억하지 못했을 것이다. 그는 건강하고 행복하게 아흔여덟 살까지 살다 평화롭게 죽었다.

우리나라에도 록펠러와 비슷한 경험을 한 사람이 있다. 나눌수록 오히려 더 행복해지는 특별한 경험을 우리에게 들려주는 사람. 오션인더블유 원영식 회장이 바로 그런 사람이다. 그는 아들과 함께 네팔에 자원봉사를 갔다가 우연히 한 소녀를 만나게 된다. 그가 의료봉사자 가운을 빌려 입고 청진기를 들고 장난을 치고 있는데, 다리를 심하게 저는 예쁘게 생긴 한 네팔 아이가 다가왔다. 아이의 이름은 '밍마 참지'. 원영식 회장이 의사인 줄 알고 고쳐달라고 다가왔던 셈이다. 그런 천진무구한 아이에게 '나는 의사가 아니다'라고 말할 수는 없었다. 학교 오는 길에 비탈에서 굴렀는데 치료를 받지 못하고 방치해 장애가 심해졌다고 했다. 그는 밍마 참지를 카트만두까지 보내 엑스레이를 찍게 하고 한국에서 치료받을 수 있게 조치

했다.

"우여곡절 끝에 3개월이 지나고 밍마 참지가 똑바로 서서 두 발로 걸어오는데 가슴에서 진짜 불이 나더라고요, 막 이만한 불덩어리가 올라오는 거예요. 그때 기분이란 진짜! 믿으실지 모르겠지만 제 인생에서 제일 행복한 순간이었습니다."

그동안 기부와 봉사활동을 해오며 여러 기쁨을 느낀 그였지만 밍마 참지의 병을 고쳐주고 그가 느낀 기분은 무어라 말로 표현할 수 없는 것이었다. 간호사가 되고 싶다는 밍마 참지의 소원을 들어주기 위해 자신의 아들이 세뱃돈을 기부해 간호사 봉급 8만 원을 지원하겠다고 했을 때, 그는 그의 어머니가 자신에게 물려준 보물을 아들에게 다시 대물림해준 기분이 들었다. 나누어 줄수록 더 크게 돌아온다는 어머니의 말씀이 그의 가슴에 새삼 새겨졌다.

그는 어려서 명동에 살았다. 그의 어머니는 별명이 '명동 앞치마'였다. 상가건물 창문으로 노점상들을 지켜보다 딱한 사람이 있으면 집으로 불러 밥을 해 먹이고, 단속반이 나타나면 창문 아래쪽을 향해 "먹고 살겠다고 애쓰는 사람들을 왜 괴롭히느냐"라고 소리를 지르고, 입고 있던 앞치마 차림 그대로 골목에 뛰어 내려가 단속반을 내쫓았다.

자신의 옷은 살 줄 몰라도 남에게 베풀 줄 아는 어머니

"어머니를 시장에 모시고 갔는데 옷을 못 사시는 거예요. 평생 옷을 사본 적이 없어서 그랬던 거죠. 살면서 어머니는 얻어 입거나 보따리 장사꾼에게 가끔 산 게 전부였어요. 시장을 가보지도 않았고 백화점은 아예 알지도 못하셨어요. 자식으로선 가슴이 많이 아팠었죠."

어머니에 대한 아픈 기억은 아너 소사이어티 회원들의 공통적인 기억 중 하나다. 하지만 그의 어머니는 내핍하느라 자기 옷 사 입을 줄은 몰라도 사람이 어떻게 살아야 하는지에 관해서는 너무나 잘 아는 분이셨다. 어머니를 본받아 큰누나는 예순일곱의 나이에도 미용사 자격증과 요리사 자격증까지 따가며 꽃동네에서 20년째 봉사활동을 하고 있다. 둘째 누나는 아산병원 의료봉사활동에 적극적이다. 막내 누나는 홀트아동복지회에서 일하고 있다. 정말로 기부의 DNA가 있다면, 원 회장의 형제들에게 그런 유전자를 물려준 사람이 어머니였다.

하지만 그가 젊었을 때부터 늘 기부를 한 건 아니다. 2009년 어느 날, 우연히 검진을 받았는데 무려 열두 가지 병명이 나왔다. 맨몸으로, 자기 사업체를 일으켜 열심히 살아왔다고 자부했는데 그날만큼은 '내가 도대체 뭐하고 살았나' 싶어 허전하고 쓸쓸했다. 그는 그때서야 비로소 자신의 인생을 돌아보며 자책했다. 하지만 그런 생각은 오래가지 않았다. '이 세상 나 혼자 사는 거 아니다. 내가 벌면 200명을 넘게 도울 수가 있는데.' 이런 생각이 들자 오히려 지금까지보다도 더 열심히 일해야겠다는 각오가 생긴 것이다. 그는 "어머니 말씀 덕분에 허무감을 긍정적으로 극복할 수 있었다"고 했다. 어머니는 입버릇처럼 이렇게 말했다. "영식아 열 개 벌면 세 개 줘. 누군가 어려운 사람 줘. 그럼 하나님이 열두 개 주신다."

"그 전까지는 돈 벌고 싶어서, 성공하고 싶어서 치열하게 노력했어요. 하지만 저 자신을 위한 행동이었지 남을 위하는 행동은 아니었어요. 근데 결과적으로 진짜 어머님 말씀이 맞았어요. 저는 학창 시절 놀기 좋아했어요. 공부엔 별로 소질이 없었지요. 철부지였던 제가 지금 이 자리까지 온 건 분명 어머님 말씀 덕분인 거 같아요. 어떻게든 주변에 나누어 주면서 살아야 한다고 생각하니까 사업을 해도 보람이 있고 더 잘해야겠다는 에너지가 솟았어요."

부정적인 마음은 사람을 절망하게 하지만 긍정적인 마음은 운명을 바꿀 기회를 준다.

"저는 그때까지 죽어라고 일만 하면서 살아왔거든요. 말이 달리다가 죽듯이 제 성격이 그렇게 앞만 보고 가요. 병원 다녀온 날 심란한 마음으로 집에 가다가 우연히 뻥튀기 리어카를 끌고 올라가시는 할머니를 봤어요. 그 모습이 너무 고달파 보여 저도 모르게 차창을 열고 말을 걸었어요. 그날 그 할머니를 댁까지 모셔다 드리면서 할머니가 사시는 임대아파트 안에 들어갔어요. 할머니가 아파트 관리비가 14만 원 나오는데 나라에서 나오는 돈 33만 원으로는 생활이 안 된다고 한탄했어요. 그날 제가 가진 걸 다른 사람과 나눠야겠다고 마음먹었어요. 앞만 보고 달려온 제 자신을 돌아보고 새로 눈을 뜬 거죠."

그는 그 길로 무작정 그가 사는 동네의 주민센터를 찾아갔다. 첫 기부가 시작된 날이었다.

사람 살리는 게 참행복이다

그는 돈만 내는 기부가 아니라 소외된 사람들과 만나고 고락을 나누는 기부를 추구한다. 봉사활동도 그래서 시작했다. 그의 도움으로 간이식 수술을 받은 사람이 안타깝게도 일주일 만에 숨졌다. 그의 아내와 아들이 그에게 감사의 마음을 전하러 왔다. 그는 그들을 만나고는 앞으로 자신이 해야 할 일이 무엇인지를 더 분명하게 알았다.

"어렵고 힘들게 살아왔다는 것이 보이는 분들이었어요. 그 어머니와 아들 모습이 말예요. 그런데 그 아들이 하는 말이 제 마음을 울렸어요. 간암 투병 끝에 돌아가신 그분이 사실은 자기 친아버지가 아니었대요. 그런데도 살아생전에 친아버지보다 더한 사랑을 주셨다는 거예요. 그런 아버지를 도와주어서 제가 너무 고마웠대요. 진짜 자신들이 사랑받았다는 것을 알았고, 그게 너무 행복하고 너무 큰 사랑이었다고 하는데, 아 이거구나. 내가 앞으로 해야 할 일은 이거구나. 돈이 없어 고통받는 사람, 죽어가는 사람을 도와주자 결심했어요. 어떻게 안 그럴 수 있었겠어요."

초심을 잃지 않는
마음 따뜻한 강철 사나이

최충경 회원

귀남관이라는 이름의 행복

최충경 경남스틸 회장에 대해 얘기하려면 '귀남관'부터 시작해야 할 것 같다. '귀남관'은 경남 창원 창신고등학교에 있는 기숙사 이름이다. 고등학교 기숙사 이름이 '귀남관'이 된 이유에는 최충경 회장의 지극한 어머니 사랑이 있다. 어머니가 돌아가신 뒤 그는 그가 가장 존경하고 사랑했던 어머니를 위해, 어머니가 가장 기뻐할 만한 일이 무엇일지 고민했다. 그는 1995년에 어머니가 다니던 교회와 같은 재단에 속한 창문고등학교에 무작정 찾아가 기숙사를 지어주겠다고 했다. 다만 어머니의 이름만 붙여달라는 것이 그가 요구한 조건의 전부였다. 바로 그래서일 것이다. '귀남관'이라는 이름은 그에게 '행복'과 '사랑'이라는 단어의 동의어였다.

"어머니랑 다섯 식구가 어렵게 단칸 셋방에 살았어요. 금융조합 이사로 계시던 아버지가 갑자기 병환으로 돌아가시면서 어머니는 서른둘에 청상과부가 됐어요. 40년 넘게 양계와 하숙 등을 하시면서 오 남매를 키웠으니까. 새벽부터 부지런한 거는 말할 필요도 없고, 제가 대학 가려고 공부할 때, 한 시에 자든 두 시에 자든 절대 먼저 주무시질 않았어요. 자식에 대한 사랑, 그거 말로는 다 못 하지요. 그런 어머니를 생각하면서 누군가에게 베풀고 싶었던 거죠."

비울 줄 알아야 채워지는 인생

온 나라가 가난했던 그 시절 그 수많은 우리들의 '어머니'가 아니었다면 지금 이만큼 성장하는 게 가능했을까. 최충경 회장 역시 서른두 살에 혼자된 어머니 밑에서 다섯 시에 일어나서 신문 배달하고, 낮에는 출판사에서 일하고 저녁에는 야간 고등학교 가는 힘든 생활을 이겨내며 장학금으로 대학을 마치고 삼성전자에 입사했다. 어머니를 생각하면 나태해질 수 없었다.

"사람은 위기를 기회로 삼는다, 이런 말 있지요. 돈도 없는 사람이 서울에 가서 삼성전자를 들어갔으니, 첫째로 토요일에 어디 갈

데가 없잖아요. 돈이 없으니까. 친구도 없고, 일요일도 어디가면 돈 들잖아요. 그러니깐 일주일 내내 회사 가서 사는 거예요. 죽어라 일하는데 누가 싫어하겠어요. 승진도 빨리 시켜주더라고요. 자신의 역경이나 불리한 환경을 장점으로 전환하려면 얼마든지 그렇게 할 수 있는 거예요."

그는 특유의 근면, 성실함으로 3년 만에 과장을 달았다. 자고 나면 '과'가 몇 개씩 생기는 고도 성장기였다. 그가 입사할 때 전 직원이 800명 정도였던 삼성전자가 그가 퇴직할 때쯤에는 임원만 800명인 회사로 커져 있었다. 그는 90년도에 독립해서 자신만의 사업을 시작했다.

그는 큰돈이 생기기 전부터 자신의 처지에서는 좀 넘치다 싶을 정도의 기부를 꾸준히 계속해왔다. 장애인재활협회의 회장직을 오랫동안 묵묵히 수행한 것도 그중 하나다. 1994년, 어머니가 "내가 후회 없이 살았는데 돈이 좀 있어 어려운 애들 장학금을 주고 간다면 소원이 없겠다"는 말을 남기고 별세했다. 최충경 회장은 그 뜻을 받들어 어머니 이름으로 창신고등학교에 기숙사와 체육관을 짓고 장학금도 만들었다.

"그때 기숙사를 지은 것도 돌이켜보면 참 신기해요. 제가 학교에 가서 뭐라고 했느냐면 지금 내가 돈이 없다, 하지만 앞으로 해마다 100원 벌면 10원 내겠다. 그땐 뭐 1년에 3000만 원 벌면 300만 원 밖에 안 되던 시절이었죠. 그렇게 운영비 낼 테니까 이런 걸 하나 세워주면 좋겠다. 이렇게 말하고 짓기 시작한 거니까요. 강병도 이사장님이 처음에는 당황하시더니, 곧장 마음을 터놓고 제 손을 잡아 주셨어요. 고맙다고요. 당장은 1억밖에 못 내지만, 버는 대로 내겠다. 이렇게 시작한 일이었어요."

어머니가 다니던 교회와 같은 재단이라는 것 말고는 자신과 아무런 연결고리가 없는 학교에 단지 어머니의 뜻을 받든다는 이유만으로 선뜻 거액을 냈다. 아너 소사이어티 가입으로 이어지는 꾸준한 기부활동의 출발점이었다.

직원을 잘 대하는 것도 사회적 기부

그는 비정규직을 고용하지 않는 경영 방침을 지키고 있다. "기업인은 회사를 키우고 직원을 대우해주고 나라에 세금을 잘 내야 할 사회적 책임이 있다"는 것이 그의 경영철학이자 나눔철학이다. 그의 회사가 세무조사를 받았을 때 추징금이 0원이었던 것은 경남 지역 기업인들 사이에 널리 알려진 유명한 일화다. 그는 직원들한테 잘해주면 회사가 잘돼 사회 환원도 더 할 수 있다면서 직원을 잘 대하는 게 기부의 시작이라고 했다. 사무직 말고 생산직 중에 유일한 여직원이 쉰네 살의 감순옥 씨다. 감순옥 씨는 냉연강판 자르는 절단기가 돌아가는 공장에서 일한다. 그녀는 원래 구내식당에서 일하던 직원이었다.

"구내식당이 없어지면서 회사를 그만둬야 할 상황이 됐어요. 고민하고 있는데 회장님이 슥 다가오시더니만 '생산직 한 번 안 해볼랍니까' 이러시는 겁니다. 고맙지요. 한창 일하다 정년이 됐는데 제가 한참 애들 대학공부 시켜야 되는 거 알고 정년을 3년이나 연장시켜줬어요. 감동 아닙니까. 직원들 고민을 속속들이 아시고요. 또 직원들한테 한 번도 하대를 안 하고 늘 존대하십니더."

직원 감선옥씨의 말 그대로, 그는 자녀 수에 관계없이 직원 자녀의 학자금을 백 퍼센트 대준다. 직원들 가족의 의료비도 보장한다. 문화활동보조비도 지급해왔다. 재벌기업에서 100억 원 내는 것보다 중소기업에서 1000만 원 내는 것이 더 의미 있는 일이라고 그는 자부했다. 경영할 때도 기부할 때와 같은 원칙을 지키는 것이 그의 철칙이다. 그가 존경하는 사람은 유한양행의 유일한 회장이다.

그는 지금 우리 사회에서 기부 활성화를 위해서는 무엇보다도 올바른 기업가 정신이 필요하다고 했다.

"돈을 벌면 나 혼자 벌었다고 생각하면 안 돼요. 사회가 안 도와주면 제가 벌 수 있어요? 공장 돌리려고 해도 전기가 있어야 하고,

도로도 국가에서 닦아줬으니까요. 그래서 제가 번 돈이 3분의 1, 나머지 3분의 1은 직원, 마지막 3분의 1은 국가가 벌어줬다고 봐야 하는 거예요. 그러면 그 돈을 제대로 돌려줘야 하는 거잖아요. 3분의 1은 주주배당, 3분의 1은 사회 환원, 3분의 1은 종업원 복지 이런 식으로 생각해요. 우리나라가 지금 국민소득 2만 불이 되어 가는데 비해 기부 비율이 너무 낮아요. 안 되는 이유가 뭐냐, 여러 가지 이유가 있겠죠. 전 떳떳하게 돈을 버는 사람들이 많아지면 기부도 늘어날 거라고 생각합니다. 자기가 정정당당하게 땀 흘려 돈을 번 사람일수록 기부도 잘 하거든요."

그는 학교에 건물을 지어주고 장학금을 전달하지만 그 돈이 어떻게 쓰이는지에 관해선 일절 간섭하지 않는다. 성공이란 무엇인가 묻자 그는 "고스톱 치는 사람들은 기술이 3이고 운이 7이라고 하는데 사업을 하는 사람들은 운이 9"라고 했다. 자기가 받은 운만큼 세상에 돌려주는 것이 그가 생각하는 기부다.

"제가 장학금을 만들어서 학생들에게 주어왔는데요, 그 자리에서 이렇게 말해요. '저한테 고맙다고 생각할 것도 없다. 단, 여러분들이 나중에 성공해서 먹고살 만하면 나처럼 한 사람쯤만 도와줬으면 좋겠다' 그 얘기를 꼭 하죠. 그러면 내가 여덟 명 도와주면 또 여덟 명 아닙니까. 여덟 명이 또 여덟 명 도와주면 또 여덟 명이란 말이에요. 몇 천 명도 중요하지만 한 사람 한 사람이 도와주는 것만 성실히 해도 이 사회가 밝아질 수 있어요.”

밥 먹듯이 하는 편안하고 일상적인 기부

최병철 회원

거창한 이유는 없지만 소신 있는 기부

최병철 이우 회장은 시골 깡촌에서 자랐다. 1960년대 경남 하동군 옥종면에서 그의 가족은 조그만 약방을 했다. 부잣집은 아니지만 거지들이 동네에 들어오면 언제든 밥 한 끼를 줬다. 최병철 회장의 어머니가 거지들을 부엌으로 불러들여 식구들 먹는 밥을 나눠줬다. 가게와 살림집 합쳐 열세 평이 될까 말까 한 작은 약방이었다. 육 남매 중에서 다섯째인 최병철 회장에게는 그런 어머니가 이상하게 보였다.

"어릴 땐 우리 어머니가 이상했어요. 우리도 어려운데 걸인들

밥 챙겨주고 우리 쓰는 숟가락으로 거지도 먹고……. 그런데 자라면서 '아, 저렇게 사는 거구나' 생각이 들고, 누가 나한테 도와달라고 하면 거창한 이유 없이 도와주게 됐어요."

어머니의 넓은 마음 씀씀이는 그의 마음에 깊은 인상을 남겼다. 그는 부산기계공고와 방위산업체를 거쳐 스물일곱 살에 직원 없는 '1인 사장님'으로 자동차 부품 회사를 창업하여 직원 100명에 연매출 200억 원의 회사로 키웠다. 사업이 궤도에 오르자, 그 옛날 거지들을 먹이던 어머니처럼 그도 기부를 시작했다. 그는 어머니의 뜻을 이어받아 지금껏 개인 돈 8억 원을 기부했다.

인터뷰도 싫고 핸드프린팅도 싫다는 보통 사람

"우리가 평소에 형편이 되고 마음이 있어서 하는 것이 기부지, 이름을 낸다든가 하는 것은 스타일 자체가 저랑 안 맞아요. 그러다 보니까 사실 이렇게 기자를 만나는 것 자체도 부담스러웠어요. 아너 소사이어티의 회원들을 다 한다고 하니까 빠지면 또 안 될 것 같아서 할 수 없이 나왔습니다."

친근한 경상도 억양의 사투리는 듣는 사람을 훨씬 가깝게 그가 앉은 쪽으로 잡아당기는 힘이 있었다. 그는 말하는 내내 손사래를 치며 수줍어했다. 자신의 기부활동을 널리 알리는 일을 겸연쩍어

했다.

“기부하는 것과 돈이 많고 적고는 관계없다고 봐요. 내는 사람이 냅니다. 아무리 돈이 많아도 안 내는 사람은 결국 안 내지 않습니까. 저는 대단한 결심을 한 게 아니었어요. 그냥 기부 해야겠다 마음먹고 그대로 실행했어요. 아너 소사이어티 규정을 보면 5년 안에 1억을 기부하도록 약정을 맺게 되어 있어요. 5년 안에 내면 괜찮다 생각을 했어요. 2000년도에 부친이 돌아가셔서 부의금에서 장례금을 빼니까 5천만 원이 남았어요. 목돈을 한꺼번에 기부한 게 그때가 처음입니다. 그 이후로 지속적으로 표 안 나게 기부를 계속했어요.”

가족 대소사에 관련된 돈을 기부할 때 그는 자기 말고 다른 사람들에겐 기부하라는 말을 좀처럼 하지 않는다. 가족들의 몫을 공평하게 배분한 다음 자신의 몫으로 남은 부분과 자신이 준비한 별도의 돈을 합쳐 어머니의 뜻으로 기부한다. 남에게 본은 보이되 강요하지는 않는다는 것이 그의 소신이다.

“1차적으로는 그냥 돈을 많이 벌고 싶었어요. 어렸을 때 너무 어렵게 컸거든요. 어릴 때 불이 확 나가지고 약방이 잿더미가 됐어요, 부모님이 우리들 기죽이지 않으려고 고생하셨어요. 동네에서 십시일반으로 쌀 한 되, 보리 한 되 걷어줬어요. 도와주는 사람이 있었으면 좋겠다 하는 아쉬운 마음도 물론 있었죠.”

그는 육 남매 중에서 유일하게 대학을 나오지 않았다. 집안도 어렵거니와 하루빨리 돈 벌고 싶어 마음이 급했다. 그런 그가 부모님의 이름으로 기부를 하는 이유는 일찍 집을 떠난 형제, 자매들과는 달리 그가 부모님과 가까이 살며 고생을 함께 겪었기 때문이다.

"맨 처음에 신일금속인가, 실습 나갈 때는 일당 450원인가 그렇게 줬어요. 점심은 안 주고, 그때 우동 한 그릇이 100원 했어요. 회사 식당에서. 그러다 87년도에 퇴직하고, 퇴직금이 340만 원인데 50만 원은 우리 선배한테 보증을 섰다가 떼이고, 남은 돈으로 사업을 시작했어요."

기술력이 그의 무기였다. 다른 경영자들과는 달리 IMF 때 오히려 사업에 탄력을 받았다. 국내 대기업만을 상대할 때는 대기업에 종속되어 있었는데 IMF가 오니까 외국인 회사가 들어와서 오히려 활로가 다양해졌다. 그는 독할 땐 독한 사람이다. 일방적으로 약정을 끊은 큰 기업과 대법원까지 가는 소송을 벌여 중소기업의 자존심을 지켜냈다. 손해를 무릅쓰고 도전했던 일이었다.

그는 고향 부근의 산을 사서 직접 나무를 사다 심고 건물을 짓고 있다. 휴양림을 만들기 위해서다. 그에겐 이것도 기부이자 나눔이다. 나무를 사서 기르는 기부. 그 숲에서 동네 사람들과 여행자들이 향긋한 풀 냄새 맡으며 호젓하게 쉬어갈 수 있었으면 하는 바람에서 하는 일이다.

"제가 자녀들한테도 항상 남들을 배려하면서 살라고 하지만 그걸 말로 해서는 잘 알아듣지 못해요. 저는 자녀들과 같이 시장에 가서 장애인 있으면 말없이 먼저 본을 보여줘요. 가만히 다가가서 다만 얼마라도 그 사람 바구니에 넣어주는 거죠. 그러다보니 이제는 자녀들이 스스로 알아서 돈을 넣어요. 이런 게 평소에 자연스럽게 생겨나고 지속되다보면 타인에 대한 배려라는 게 저절로 되지 않겠어요."

작은 눈물의 씨앗이 세상을 아우르는 큰 나무가 되기까지

류시문 회원

착한 돈이란 무엇인가

남미의 어느 소작농은 농장집 주인의 개들에게 고기와 우유를 주는 일을 했다. 그런데 주인집의 개들이 아팠을 때는 수의사에게 가는데 정작 자신의 자식들은 영양실조로 죽는 것을 그저 지켜봐야만 했다. 류시문 한맥도시개발 회장은 이런 얘기를 들으면 눈이 붉어진다. 그는 그만큼 차별이 무엇인지 영양실조가 어떠한 결과를 초래하는지 누구보다도 잘 알고 뼈저리게 공감하는 사람이다.

한국사회적기업진흥원 초대 원장에 취임한 직후 류시문 회장은 직원들에게 이렇게 말했다. "이 시대에 가장 큰 문제는 양극화입니다. 가진 사람하고 덜 가진 사람의 간격을 줄이는, 사회적 갈등과 불만을 해소시키는 것이 우리들의 시대적 과제입니다. 옛날에는 전쟁이 역사의 주제가 되었다면 지금은 양극화가 역사의 주제입니다. 따라서 우리가 이 문제를 해결하기 위해 노력하는 것은 한국의 현대사를 다시 쓰는 일이 될 것입니다. 사명감을 가지고 일해주십시오."

류시문 회장은 다리를 절고, 양쪽 귀에 고막이 없는 장애인이다. 그의 취임사가 생생한 감동을 던지는 이유는 그 자신이 처절한 가난을 딛고 성공해 나눔을 실천한 사람이기 때문이다. 앞으로 우리 사회의 양극화가 더 심화되는 것을 막으려면 분배의 정의가 바로 서야 한다. 그 대표적인 방법이 사회적 기업을 세우거나 어려운 이웃을 위한 기부로, 바로 그가 강조하는 따뜻한 자본주의, 박애자본주의의 모습이다. 그가 보기에 우리 사회의 문제는 더 있었다. 가진 자들이 특권의식을 버리고 노블리스 오블리주를 다해야 한다고 강조했다. 법이 힘 있는 자만 보호한다는 인식이 널리 퍼진 사회가 오래 지속될 수 있을 리 없기 때문이다. 그는 재벌기업들의 사회공헌을 인정하면서도 회사 돈이 아니라 개인의 돈으로 기부해야 기부의 진정성 더 빛난다고 말한다.

나는 운명의 그림자가 아니라 운명의 주인이다

그는 가난한 소작농의 삼 남 사 녀 중 둘째 아들로 태어났다. 아버지가 일본에 건너가 힘들게 돈을 벌었지만 주위 사람이 가로채 빈손이 됐다. 일가는 어쩔 수 없이 외가에서 더부살이를 했다.

"두부 만들고 남은 비지를 먹고, 쌀도 보리도 없어서 무 이파리 넣어서 감자하고 고구마 넣어서 같이 끓이면 나도 먹고 개도 먹고 했습니다. 학교 갔다 돌아오면 먹을 것이라곤 아무것도 없어 부엌 바닥에 앉아서 울곤 했지요."

밥을 얻어먹으러 부잣집 잔치에 갔다가 밥은커녕 욕만 얻어먹고 쫓겨난 적이 있다. 그때 그는 부자가 되겠다고 결심했다. 부자가 되어 자신과 같은 처지의 사람에게 꼭 밥을 주는 사람이 되겠다고 생각했다. 어릴 때 옛날 무덤가 비석 옆에서 놀다가 비석 덮개가 떨어져 다리뼈가 산산조각 부서졌다. 제대로 치료받지 못해 그는 지금도 다리를 전다. 영양실조에 중이염을 앓아 양쪽 고막마저 잃었다. 선생님 입 모양만을 보고 공부를 하니 성적이 잘 나올 리 없었다. 주위로부터 "너는 다리 절고 귀 먹은 불구자이기 때문에 공부해도 소용없으니 농사지으라"는 모진 말도 들었다. 그는 눈 덮인 뒷산에 올라가 간절히 기도했다. 학교에 다닐 수 있게 해달라고 간절하게, 정말 간절하게 빌었다.

가난한 집에서 여러 아이를 한꺼번에 중학교와 고등학교 보내는 것은 무리였다. 하나가 배우면 다른 하나는 희생해야 했다. 동생은 류시문 회장을 위해 진학을 포기했다. 그 후 농사일에 지친 동생은 서울로 무작정 상경했다가 안국동 로터리에서 택시에 치어 반신불수가 됐다. 류시문 회장은 사업이 자리를 잡은 뒤 병상에 누운 동생을 줄곧 돌보고 있다. 동생에게 잘해준다고 마음의 빚까지 사라지는 건 아니다. 그는 "세월을 다시 되돌릴 수 있다면 동생을 공부시키고 자신이 농사를 짓고 싶다"고 말하다 목이 멨다.

그는 성격이 강한 사람이다. 어릴 때 이웃동네 점쟁이가 그를 보고 "네가 다리 절고 귀머거리 된 것은 다 팔자 소관"이라고 한 적이 있다. 그는 어린 나이에도 지팡이를 휘두르며 '나는 운명의 그림자가 아니라 운명의 주인'이라고 고함을 쳤다. 자신의 운명은 스스로 의지와 노력으로 극복했어도 동생의 인생을 대신 살아줄 수 없고, 운명을 바꾸어줄 수 없다.

"보통 형제간의 상처는 세월이 가면 잊혀 지잖아요. 하지만 내 욕심 때문에 불구가 된 동생을 매번 지켜봐야 되는 것은 차라리 고문이었어요."

하지만 병석에 누운 동생의 생각은 다르다. 동생은 노모에게 '형이 내 은인'이라고 했다.

책 외판원에서 한국사회적기업진흥원 원장이 되기까지

그는 고등학교를 졸업하고 절뚝거리며 신문도 돌리고 책도 팔았다. 그러면서 한맥도시개발을 창업했다. 정부산하기관인 한국사회적기업진흥원 초대 원장을 역임했다. 그는 "어디까지나 내 힘으로 몸이 성한 사람들과 경쟁하면서 여기까지 왔다"고 자부했다. '나눔과 봉사'는 그에게 단순한 적선이 아니라 행복을 위한 선택이며 기업가로서 사회적 책임을 다하는 일이다. 그런 생각을 심어준 고마운 은사가 신연식 전 한신대 교수이다. 어렵게 한신대에 들어갔지만 교수의 강의가 잘 들리지 않아 수업에 들어가지 않고 방황했다. 그때 신 교수가 그를 불러 반복해서 격려하고 타일렀다. "너는 착한 성품을 가지고 있다.", "너는 앞으로 남을 도와주는 존경받는 사람이 될 것이다." 그의 삶을 변화시킨 또 다른 스승이 바로 이여진 전 한신대 대학장이다. 사업을 시작한 류시문 회장이 급전이 필요해 쩔쩔매다가 이 학장을 찾아가 500만 원만 빌려달라고 했다. 스승은 그에게 5000만 원을 줬다. IMF 때는 은행 대출 받을 수 있도록 스승이 자기 명의의 30억짜리 건물에 근저당 설정을 해줬다. 그 때 은행 직원이 서류를 작성하면서 어떤 관계냐고 묻자 스승은 "내 아들"이라고 했다. 스승은 이 씨이고 제자는 류 씨다. 은행 직원은 이상하다는 얼굴로 두 사람을 한참 봤다. 스승을 서울역에 배웅해드리고 광장에 혼자 남은 류시문 회장은 그 돈을 안 쓰기로 결심했다. 그 분의 믿음과 신뢰를 무형의 자산으로 그는 기업을 일으켜 세웠다. 2010년 1월 28일 사회복지공동모금회 사무실에서 아너 소사이어티 회원이 되던 날이 그에게는 평생의 꿈이 이루어지는 순간이었다.

6장 아내에게 배운 사랑

나눌수록 행복해집니다

최병부 회원

기부, 사람의 마음을 바꾸다

최병부 삼정E&W 대표는 1980년대 말 부인과 함께 우연히 경북 고성에 있는 '작은 예수의 마을'이라는 곳을 찾았다가 인생이 바뀌었다. 정신박약 아들이 부모와 연을 끊고 외롭게 나이 먹고 있었다. 산에 둘러싸여서 차도 기차도 볼 수 없고 날아가는 비행기 소리나 가끔 들려오는 세상에서 완전히 고립된 곳. 그 외진 곳에서 그는 문득 자신의 삶을 되돌아봤다. 그 전까지 그는 남을 돕고 싶어도 마음만 있지 사업이 바빠 짬을 못 냈다. 이 일을 계기로 그는 홍익재활원 등 다양한 시설에 도움을 주기 시작했다.

"그날 이후 봉사를 본격적으로 시작했어요. 제가 돕는 여러 시설 중 한 곳에 매년 1월 라면이며 과자를 마련해서 집사람과 함께 찾아갔는데, 어느 해인가 제가 가서 라면을 내놓았더니 한 수녀님이 우시는 거예요. 전날 밤에 한 분이 라면을 끓여달라고 했는데 마침 라면이 떨어져서 못 끓여드려서 너무 미안했대요. 헌데 불행하게도 그분이 오늘 돌아가셨다는 거예요. 그 얘기를 듣고 어찌나 가슴이 아프던지. 그런 일들이 사람 마음을 바꾸게 하더라고요."

1억의 의미

아무리 돈이 많아도 불행한 사람들이 있다. 돈이 행복을 가져다 주는 것이 아니기 때문이다. 돈이 우리에게 행복을 주지 않는다면 무얼 바라고 살아야 할까. 이런 질문이 인생을 변화시키는 계기가 된다. 최병부 대표는 "현찰 1억, 혹은 그 이상의 돈은 내 돈이 아닌 것 같다"고 했다. 그에게 은행에 넣어두고 쓰지 않는 돈이란 통장에 찍힌 숫자 이상도 이하도 아니다. 그는 "나는 돈 자체에 욕심이 나서 돈을 번다기보다, 돈에서 자유로워지기 위해 돈을 벌고 아끼는 사람"이라고 했다.

삼정E&W는 선박엔진과 풍력발전용 부품을 생산하는 알짜 회사다. 그는 창업 30주년이 가까운 지금까지도 손수 자신의 차를 운전한다.

원래 그는 스무 살 까지는 넉넉하게 자랐다. 집안은 유복하고 가풍은 너그러웠다. 아버지는 도청 공무원이었는데, 아는 사람 아들이 야간대학 다니고 있다는 말에 선뜻 등록금을 대주고, 동네 거지들을 데려다 밥해 먹여 보내는 어른이었다. 그는 아들에게 '자기 분수대로 능력껏 살고 과욕 부리지 말라'고 당부하곤 했다.

하지만 그런 아버지가 중풍으로 앓아누우면서 가세가 급격히 기울었다. 자리보전한 아버지가 재산을 정리해 충청도 단양의 광산에 투자했다가 실패한 것이 결정타였다.

아버지 사업의 부도 여파로 그는 10년 걸려 간신히 대학을 졸업했다. 이후 삼성중공업에 들어가 1984년까지 직장생활을 했다.

"대학교 졸업한 뒤 직장생활 할 때는 1년에 5일도 채 못 쉬었어요. 일요일까지 합쳐서요. 그때도 힘들었지만, 내 사업 시작한 뒤론 더 바빠졌어요. 휴가가 어디 있습니까. 지금도 나는 일요일에 안 쉽니다. 특별한 일 없으면 회사에 나오는 게 몸에 배었습니다."

삼성중공업 시절 그는 생산현장 직원들을 관리하는 부서를 맡았다. 술 세고 인심 좋은 상사였다. 부하직원들과 마신 술값 때문에 집에 온전한 월급을 가져다 준 적이 한 번도 없었다.

월급이 축나도 불평 한 번 안하던 부인이 그가 회사에 사표 내고 창업하겠다고 나섰을 땐 많이 울었다. 모아둔 돈이 많았던 것도 아니고, 사업 밑천이라곤 달랑 퇴직금밖에 없는 처지였다. 무모한 자신감이라고 걱정하는 지인이 많았다. 그래도 그는 밀고 나갔다.

"옛날 마산 고속터미널 근처에 있던 보험회사 건물 6층에 사무실 하나를 빌렸어요. 대구에 가서 중고 사무용품하고 소파도 사고요. 지금도 우리 회사에서 쓰는 법인 도장이 그때 내가 도장방에 가서 직접 팠던 거예요."

기부도 교육이다

맨손으로 시작한 회사가 지금은 어지간한 불경기에는 흔들리지 않는 건실한 기업이 됐다. 사업이 커지는 동안 기부에 대한 생각도 깊어졌다.

그의 부인은 독실한 천주교 신자다. 환갑을 넘긴 지금도 독거노인을 돕는 봉사활동을 거르지 않고 있다. 그와 부인은 생각이 일치할지 몰라도, 자식이 보기엔 아버지가 생판 모르는 남에게 거액을 기부하는 일이 꼭 달갑지 않을 수 있다. 그는 "아이들이 이해해주는 게 내 복"이라고 했다.

"큰 아이가 외국에서 공부하고 거기 살고 있는데, 일전에 한국에 나왔다가 제가 아너 소사이어티에 가입했다는 기사가 지방신문에 실린 것을 알았어요. 그런데 굉장히 그걸 좋아하더라고요. '제가 여유가 생긴다고 해도 아버지처럼 그렇게 쉽게 못 할 것 같습니다' 이렇게 말하는데, 내가 교육적인 측면에서 참 잘했구나, 그런 생각이 들었어요."

그는 "아들 얘기를 들어보니 미국에선 아이들의 생일이라든가 부부의 결혼기념일 같은 특별한 날에 다만 얼마라도 기부를 하는 것이 보편화되어 있더라"면서 "우리나라도 이젠 기부문화가 생활 속에 뿌리를 내려야 한다"고 했다.

"제가 여섯 살짜리 손녀가 하나 있는데요, 이 녀석이 그런 얘기를 하더라고요. 미국에서는 이가 빠지면 그걸 종이에 싸서 머리맡에 놓고 잔대요. 밤에 천사가 와서 이를 가져가고 대신 1달러를 보낸다는 거죠. 손녀가 한국에 왔을 때 여기서도 이빨이 하나 빠졌는데, 친척들이 '한국에서는 부엉이가 와서 이를 물어간다'고 했대요. 손녀가 나한테 전화해서 천사가 가져가는 게 맞는지, 부엉이가 물어가는 게 맞는지 물어보는데, 천사냐 부엉이냐의 문제가 아니라 좀 더 큰 문화적 차이가 여기 숨어 있다는 생각이 들었어요."

그는 "기업이 사회에 기여하고 상생하고 공생하는 분위기가 퍼져나가는 것은 다행스런 일이지만, 단순히 돈만 내선 안 된다"고 했다. 외부 사업에 단발적으로 몇 억씩 돈만 내놓지 말고, 특성화고 한 곳을 맡아 책임지고 명문으로 길러내는 식으로 장기적이고 책임감

있게 사회공헌 사업을 펼쳐야 한다는 얘기였다. 수많은 사회공헌 사업 중에서도 특히 교육에 투자하는 것이 기업이 사회에 부를 환원하는 가장 빠르고 생산적인 길이라는 것이 그의 소신이었다. 그는 자식들에게도 "교육이 유산이니까, 따로 유산 받을 기대는 하지 말라"고 했다.

훌륭한 남편 뒤에는 훌륭한 아내가 있다

이충희 회원

늘 함께하는 부부

'듀오'라는 이름에 혹시 "결혼해 듀오!"라는 카피로 유명한 결혼정보회사를 떠올린 사람이 있을지도 모르겠다. 이충희 대표가 운영하는 듀오는 그 듀오가 아니라 다른 듀오다. 이탈리아 명품 '에트로'를 수입 판매하는 회사다.

지금 듀오 본사는 서울 강남구 청담동 세련된 거리에 있다. 하지만 이 회사를 창업한 이충희 대표가 처음부터 탄탄대로를 걸어온 것은 아니었다. 그는 1993년 부인의 권유로 암사재활원과 주몽재활원에 월 3만 원씩 후원금을 내면서 기부를 시작했다. 그때 그에겐 3

만 원도 큰돈이었다.

"집사람이 나가던 자원봉사 모임이 있었어요. 거기서 장애인 시설에 나가 중증 장애아들을 목욕시켜주고, 김치 담가주고 이런 걸 했거든요. 한번은 저보고 집사람이 거기다 돈을 좀 보내달래요. 그게 한 3만 원 됐나? 저는 그 돈도 버거운 처지였어요."

부인과 함께 재활원에 직접 가서 보니, 돈을 내는 것은 차라리 쉬운 일이구나 싶었다. 몸집은 성인인데 지능은 서너 살밖에 안 되는 아이들이 자원봉사자들을 보고 '엄마, 엄마' 하고 안겼다. 부인은 그 아이들을 능숙하게 목욕시켰다. 이충희 대표는 그날 큰 감동을 받고 돌아왔다. 아내에 비하면 월 3만 원만 내고 끝내는 자신이 부끄럽다고 생각했다. 이충희 대표에게 새로운 깨달음이 찾아온 순간이었다.

아버지는 윤리선생님

그는 단돈 800만 원으로 지금 사업을 시작했다. 지금의 규모로 회사를 키우기까지 처음 10년간 그는 휴가도 한 번 간적이 없다. 독하게 번 돈을 후하게 기부하는 게 쉬울 리 없다. 그에게 "나누면서 살라"고 가르친 사람은 아버지였다.

"제게 측은지심이 있다고 하면, 아버지한테 교육받은 걸 거예요. 아버지가 고등학교 윤리선생님이셨으니까요. 남한테 폐 끼치지 마라. 도울 수 있으면 항상 도와라. 늘 이런 말씀을 하셨어요."

아버지는 일본 유학생이었다. 가정은 원래 유복한 편이었지만. 전쟁 끝나고 잿더미가 된 나라에서 교사 봉급으로 팔 형제를 키우기란 보통 일이 아니었다. 첫째부터 막내까지 열여덟 살 차이가 벌어지는 팔 형제 중에 그는 여섯째였다.

자식들 눈에 비친 아버지는 늘 '가불 인생'이었다. 그러면서도 "쌀하고 김치만 있으면 먹고 산다"면서 자식들을 바르게 가르치는 데 열성을 기울였다. 집은 좁은데 식구는 많다보니 밤이면 문자 그대로 온 집안이 아이들로 발 딛을 틈이 없었다. 책상 밑에 기어 들어가 잠을 청하곤 했다.

그는 ROTC 장교로 복무했다. 간혹 대학과 군부대에서 특강을 해달라고 하면 아무리 먼 곳이라도 돈 한 푼 받지 않고 새벽부터 나서곤 한다.

그는 한때 아버지처럼 교사가 되는 것이 꿈이었지만, 가족들 먹여 살려야 한다는 의무감에 직장생활을 하다 사업에 뛰어들었다. 그는 "800만 원 가지고 시작했으니, 당장 망해도 800만 원 밖에 손해 보지 않는다"고 했다. 돈을 더 벌기 위해 자존심을 굽히지 않는다는 뜻이다. 하지만 그런 그도 사업 초기엔 위기를 여러 번 넘겼다. 누구보다 자존심이 강했지만, 가족을 떠올리며 남 앞에 무릎도 꿇어보았다. 그렇게 번 돈을 흔쾌히 기부하자, 주위에서 깜짝 놀랐다. "국회의원 나가려고 그러냐"는 친구도 있었다.

그런 그도 2002년 백운장학재단을 설립할 때는 잠깐 망설였다. 자신의 사업을 더 키우는 데 집중해야 하는가, 혹은 그 돈으로 어려운 학생들에게 장학금을 주어야 하느냐를 고민했다는 얘기였다. 그는 "그때 아버지와 형제들의 얼굴을 떠올렸더니, 결정이 너무나 쉽더라" 하고 웃었다.

"저는 지금 여기서 사업을 한없이 더 키우는 것보다, 지금까지 번 돈으로 어떻게 가치 있는 일을 많이 할 것인가에 관심이 있어요. 사업을 더 키우는 건 아들 세대의 몫이지요. 지금까지 900명 넘는 학생들에게 20억 넘게 장학금을 줬고, 그걸로 저는 행복합니다. 제 도움받은 학생들이 장학금 없었으면 자기는 한의사 못 됐을 거라고 할 때, 또 제 덕분에 이번에 취업하게 됐다고 할 때 정말 좋지요."

사랑하는 사람을 돕는 마음으로

주로 가난한 사람들을 지원하는 데 힘을 집중하는 다른 아너 소사이어티 회원들과 달리, 이충희 대표는 어려운 학생들에게 장학금을 주는 한편 예술가들도 꾸준히 후원해왔다. 그는 골동품에 조예가

깊었던 아버지의 영향으로 미술에 관심을 가지게 됐다.

그는 세계적인 명품 브랜드를 취급해 재산을 모았고, 생판 남을 위해 거액을 내놓았다. 적빈한 예술가들의 패트런이기도 하다. 정작 자기 자신은 쓸 데 없는 데 헛돈 쓰는 것을 못 견뎌 한다.

"저는 호텔 투숙하면 거기 있는 거 다 집어와요. 어차피 방값 다 냈으니까요. 단, 내가 하나도 안 집어오는 데는 어디냐. 우리나라보다 못사는 나라 갔을 때는 호텔에 있는 거 하나도 안 건드려요. 오히려 내가 가져간 거 쓰고 오지요."

많으면 많을수록 좋은 게 돈이라지만 그는 자기만족이 있으면 돈이 많고 적음에 관계없이 충분하다고 했다.

"제가 늘 생각하는 게 태어날 땐 전부 다 주먹을 쥐고 태어났지만, 죽을 때 주먹 쥔 채 눈 감는 사람은 없다는 겁니다. 다 펴고 죽지요. 못 쓰고 가는 거예요. 결국은 있는 사람이든 없는 사람이든 끝은 같아요."

그가 자녀들에게 가장 물려주고 싶은 유산은 '좋은 일에 돈을 쓰는 것만큼 큰 행복은 없다'는 깨달음이다. 그는 "아직 내 나이도 젊고 나이들도 어려서 구체적으로 뭔가 정하는 단계는 아니지만, 유산도 상당 부분 사회에 환원할 생각을 하고 있다"고 했다. 덜 물려줘야 두 자녀가 자기 힘으로 올라가는 재미와 보람을 느낄 거라는 얘기였다.

“쭉 기부를 하면서 제가 줄곧 지킨 한 가지 원칙이 있어요. 저는 기부를 하거나 장학금을 줄 때 자신이 쓰고 남은 여유 자금을 준다는 생각을 해본 적이 없어요. 기부를 위한 돈을 따로 먼저 마련해 두고, 나머지 돈으로 생활을 꾸려나가지요. 신입사원 들어오면 제가 항상 하는 얘기가 있어요. 월급을 받았을 때 부모에게 드릴 돈을 먼저 떼어놓는 사람은 그 돈을 드릴 수가 있지만, 남은 돈 드려야겠다고 생각하는 사람은 평생 못 드린다고요. 기부도 마찬가지예요.”

행복학 개론

이순철 회원과 그의 아내 강인숙

가족이 달라졌어요

기부는 선물이다. 남을 위한 선물이기도 하지만 자기 자신을 위한 선물이기도 하다. 많은 아너 소사이어티 회원들이 기부 후 자신의 삶이 바뀌었다고 공통적으로 고백한다. 한쪽 방향이 아니라 양방향으로 작동하는 것이 기부이다. 그래서 기부는 힘이 세다. 기부가 자신뿐 아니라 가족의 인생도 바꾼다. 이순철 대표와 그의 아내 강인숙씨가 바로 기부의 힘을 몸소 체험한 가족이다. 이들의 이야기를 듣고 있으면 기부와 나눔이 한 가족에게도 얼마나 큰 선물인지를 알게 된다.

강인숙 씨는 자수성가한 남편이 5백만 불 수출탑을 수상했을 때, 남편과 아이들을 데리고 서울 정동 사랑의열매 회관을 찾았다. 아너 소사이어티 회원에 가입시키기 위해서였다. 사실 아이들에게 이들 부부는 언제나 아껴 쓰고 항상 부족한 듯이 살라고 가르치는 깐깐한 부모였다. 그런데 무엇이건 아끼라던 부모가 1억 원이라는 큰돈을 선뜻 내놓은 것을 보고 첫째 아이는 자신의 일기에, 신문에 난 아버지의 기사를 스크랩해서 올렸다. 선생님이 그걸 읽고 칭찬을 했고, 나중에는 교장선생님과 친구들까지 모두 알게 되었다. 아이는 칭찬을 받고나서, 아버지와 어머니라는 존재가 새삼 다르게 느껴졌고 뭔가 새로운 느낌이 들었다. 연예인이나 유명인들만 기부를 할 수 있다고 생각했는데 자신의 부모님이 직접 기부하는 걸 지켜보았으니 얼마나 존경스럽고 뿌듯했을까.

강인숙 씨는 이번 기부에 아이들의 몫이 컸다고 아이들에게 공을 돌렸다. 아이들을 영재학원에 보내면 매달 300만 원이 드는데 아이들이 학원 안 가고도 공부를 잘해 그 돈을 오랫동안 모아 기부했다는 얘기였다. 강인숙 씨는 "이게 더 훌륭한 교육 아니냐"고 했다. 혹시나 영재학원 못 가는 게 섭섭하지 않았느냐는 말에 아이들이 하는 말이 이구동성 '학원비는 낭비'라고 했다.

"사회복지공동모금회 갔다가, 돌아오는 길에 가족들이랑 허름한 만두집에 들어갔어요. 남편이 저한테 물어요. 숙아, 안 아까웠어?

제가 뭐라 그랬게요?"

우리가 능히 예상할 수 있는 그런 답이 나왔을 것 같지만 아니었다. 강인숙 씨는 장난스럽게 웃었다.

"아까워 죽는 줄 알았어, 그렇게 대답했지요. 저는 기부를 하면서 안 아깝다고 하는 건 거짓말인 것 같던데요? 호호. 저는 정말 아까웠어요. 하지만 저는 제가 한 일에 자신이 있었고, 지금은 너무너무 감사하죠."

강인숙 씨는 말보다는 실천으로 아이들에게 무언가를 보여주고 싶었다고 했다. 그녀는 기부라는 것이 물질적인 차원을 넘어서 정신적인 유산이라고 생각했다.

올 것이 왔구나

어린 시절 그녀는 부유하지는 않았지만 어렵지도 않은 평범한 가정에서 순탄하게 자랐다. 그녀의 어머니는 이 남 이 녀의 자식들을 힘들게 키우면서도 세 들어 살던 집의 아이 교육비와 생활비를 남몰래 대줬다. 자식들의 용돈과 책값을 줄여 자식 몰래 어려운 이웃을 도왔던 어머니에게 강인숙 씨는 깊은 존경심을 품고 있다. 그녀의 어머니처럼 그녀도 나중에 가정을 이루면 반드시 어머니의 뜻을 더 크게 키워 실천하고 아이들에게도 보여주리라 결심했던 것을 결국 이룬 것이다. 평소에도 깜짝 선물하는 것을 재미있어 하는 그녀지만 이번의 고액 기부는 남편에게는 너무나도 행복한 깜짝 선물이었다.

"그 돈이면 내 사업에 뭔가를 할 수가 있는데, 그런 생각도 들잖아요. 그런데, 집사람이 얘기했을 때, 드디어 올 것이 왔구나. 내가 할 수 있는 여력도 되고, 해야 됨에도 불구하고, 안 하고 있으니까. 우리 집사람이 선수를 치는구나 했죠."

이순철 진영ETS 대표는 아내가 아니었다면 아직도 자신은 그런 고액 기부는 못 하고 안 했을 거라며 겸손해 했다. 자신도 물론 결식아동을 돕기도 하고 약간의 기부도 해오긴 했으나 아내처럼 오랫동안 큰 뜻을 가지고 남을 도울 생각은 미처 못 했다. 그래서 더더욱 아내가 존경스럽다고 했다. 남편이 아내를 존중하고 아이들도 어머니와 아버지를 존경하니 행복이 넘쳐나지 않을 수 없다.

이들 부부는 피가 유전되는 것처럼 부모의 행동이 아이에게 유전된다고 믿는다. 학원에 보낼 시간에 가정에서 부모님과 얘기할 시간을 갖고 공부 스트레스 주지 않으니 아이들도 자발적으로 공부 잘하고 저절로 인성 교육도 이루어지더라는 것이다.

"저희들은 그래요. 아이들한테 너희들 쓸 거 못 쓰면서 무조건 참아가면서 하는 기부는 하지 마라. 너 자신을 위해 선물을 해라. 기부도 남을 돕는 일이지만 결국엔 자신에게 하는 선물이다. 이렇게요."

자신들의 유산을 일정 부분 사회에 환원시킬 생각이지만 자신들과 아이들을 위해서도 열심히 쓰겠다는 이들 부부는 돈과 기부에 대한 확실한 철학을 가지고 있었다. 돈을 열심히 벌되 잘 쓸 줄 알아야 하며 기부도 훈련이기에 지속적으로 반복해야 한다는 것이다.

"일회성으로나 즉흥적으로 하려고 했으면 못 했을 거예요. 제가 어렸을 때부터 느낀 건데요. 십만 원에서 만 원을 떼어서 기부할 줄 알아야지, 그렇지 못한 사람은 아무리 돈이 많아도 만 원보다 큰 기부는 아예 못 해요. 이건 훈련인 것 같아요. 십만 원 있을 때 만 원을 했던 사람이 백만 원 있을 때 십만 원을 기부해요. 천만 원에서 백만 원도 마찬가지고요."

자신이 어머니에게서 받은 것을 더 키워서 자식들에게 줄 줄 아는 그녀. 자신이 할 수 있는 것은 할 수 있다고 말하고 못 하는 것은 못 한다고 분명하게 말하는 스타일이었다. 첫발자국을 떼기 어려워서 그렇지 시작하고 나면 그렇게 어렵지 않다고 말하는 남편도 마음의 준비와 훈련에 관해서는 아내와 같은 생각이다. 부부의 호흡이 탁탁 잘도 맞았다.

"우리가 어떤 재난을 대비할 때 훈련을 하잖아요. 마찬가지로 기부도 내가 앞으로 어떻게 해야겠다고 계획하고 하나씩 실천할 때 가능한 거지. 자연스럽게 젖어들어야 한다고 생각해요. 첫발을 떼기가 정말 어렵지 결국엔 누구라도 할 수 있는 겁니다. 요즘 제가 장가 참 잘 갔다. 그런 얘기 많이 듣습니다. 직원들에게 존경한다는 얘기도 듣고."

이런 말을 하면서 이순철 대표는 '이 사람이랑 결혼해서 내가 참 행복하다'는 표정이었다. 그는 기부한 돈이 아깝기는커녕 기부를 하고 난 이후로 회사에 대한 책임감과 사회적 책임감을 더 느낀다고 했다. 자신이 대학 다닐 때 종로 5가에서 양복점 하던 어떤 기부자의 철학에 크게 공감한 경험이 있다고 했다. 주위 사람들에게 밥 한 번 안 사던 사람이 굉장히 큰돈을 선뜻 기부한 사연을 접하고, 작은 돈을 아낄 줄 알고 큰돈을 잘 쓸 줄 알아야 한다고 스스로에게 다짐했다는 얘기였다. 그 결심을 처음 실천한 것이 결혼하고 나서 장인, 장모 치과 치료 비용을 댔을 때였다. 강인숙 씨는 "우리 그이처럼 자수성가한 사람이 작은 돈은 아껴도 큰돈은 잘 쓴다" 면서 흐뭇한 표정이 됐다.

강인숙 씨는 지금도 지역 아동센터에서 봉사활동을 하고 있었다. 가정 형편상 저녁 9시까지 집에 돌아가지 못하는 아이들을 돌보는 일이다. 도움이 필요한 곳에 비해 국가의 지원은 늘 모자라서 센터 아이들의 귀가 차량이며 먹는 것에 관한 문제가 언제나 걱정스럽다. 그래도 자신이 기부한 돈으로 지역 아동센터에서 선생님 한 명을 더 고용하게 된 것이 너무 좋다고 했다.

7장 그리고 또 다른 사랑의 얼굴

감사할 줄 아는 마음과 행복

박점식 회원

인생의 승부수

"첫 직장의 봉급이 아직도 뚜렷하게 생각나죠. 일당이 300원이었는데요. 하루 밥값 120원 빼고 나면 180원, 한 달 만근하면 5400원이예요. 근데 그것도 한 달에 며칠 결근하면 3000원 정도로 떨어졌던 거 같아요."

박점식 천지세무법인 회장의 사회 초년병 시절 회고담이다. 그는 흑산도에서 가난한 과부의 유복자로 자랐다. 목포상고에 다닐 때 취업 순위 고사만 보면 늘 1등이었다. 하지만 번번이 면접에서는 낙방의 쓴맛을 봤다. 마땅히 그에게 돌아왔어야 할 취업 기회가 유복한 집 동급생에게 넘어간 적도 있다. 그때마다 가난한 설움, 아버지

없는 설움을 새록새록 되새겼다. 그는 자신의 전 재산이 얼마인지, 지금까지 얼마나 기부했는지는 기억하지 못하지만 자신의 첫 직장 봉급만큼은 정확히 기억하고 있었다. 하도 취업이 안 돼 애태우다 단돈 2000원을 들고 무작정 상경했다. 첫 직장은 영등포에 있던 장갑공장이었다. 그는 그곳에서 열서너 살 된 공원들과 뒤섞여 열악한 환경에서 입에서 단내가 나게 일했다. 참다못해 그는 '위생 관리 좀 해달라', '상처 치료 좀 해달라', '야근할 때 밥 좀 먹게 해달라'고 요구했다. 당시로선 무리한 요구였다.

"김치는 거의 하얀색 나는 김치고요, 국은 늘 콩나물국이었던 거 같아요. 음식 질이 형편없었지만, 밥은 양껏 줬어요. 내 일생 살면서 거기서처럼 밥을 많이 먹어본 적이 없는 거 같아요. 막 이렇게까지 올라온 높이의 밥을 다 먹고 그랬으니까. 원래 소식이고, 지금도 조금밖에 못 먹는데. 그땐 늘 허기졌던 거죠. 이렇게는 못 살겠다 싶어 회사에 처우 개선을 요구했다가 첫 직장을 그만두게 됐어요. 요즘엔 상상도 못 할 일이죠."

두 번째 직장은 코스모스백화점이었다. 그는 일당 1000원짜리 비정규직이었다. 상품 포장하고 배달하는 일을 하다가 까치 담배 한 대 피며 계단에 앉아서 혼자서 회계공부를 했다. 그는 마침내 세무사 시험에 합격했다. 그를 눈여겨보고 일하면서 공부하도록 격려하고 배려해준 상사가 있었기에 가능했다. 세무사가 되어서는 선배 세무사의 지원 아래 코모도사 PC 한 대를 700만 원에 구입해 프로그래머와 함께 회계프로그램을 최초로 개발했다. 이후 큰 결심을 하고 막 자기 회사를 차렸을 때 전에 다니던 회사가 부도가 났다. 그도 엉겁결에 끌려들어가 억울하게 빚을 떠안았다. 하지만 이렇게 우여곡절을 겪으면서도 그에게는 이상한 자신감이 있었다.

"지금 생각해봐도 무모할 정도의 자신감이에요. 세무사 생활 10년 후 사무실 나와서 개업하는데 돈이 없어요. 그래서 제 사촌에게 찾아가서 돈 2천만 원만 빌려줘라 해가지고 그 돈으로 사무실 보증금을 냈어요. 그렇게 여기까지 오게 된 거예요."

그렇게 시작한 회사가 연매출 70억의 중견 세무법인이 됐다. 하지만 흑산도 사나이 박점식 회장이 감당해야 했던 정말 큰 시련은 따로 있었다. 취업이 안 돼 고생하고 남의 빚을 물어내는 것도 아들이 근위축증을 앓는 것에 비하면 작은 시련이었다.

오늘 귀인 한번 만나보시겠습니까

그는 인생의 고비마다 귀인을 만난 덕분에 여기까지 왔다고 했다. 기부도 귀인들 덕분에 한다고 했다. 그가 말하는 귀인은 그에게 물질적인 편익을 주는 사람들이 아니라, 고통과 사랑을 통해 인생의 의미를 한 걸음 더 깊숙이 들여다보게 해준 사람들이다. 그는 그런 이들을 향해 감사하는 마음을 모아 '감사 문장'을 쓴다. 가령 그는 치매를 앓다 돌아가신 어머니에게 700여 개의 감사 문장을 썼다. 근위축증을 앓는 아들을 매일 업어서 등하교시킨 아내에게도 감사의 문장을 썼다. 그리고 회사 직원과 아는 이들에게도 매일 같이 감사의 문장을 쓴다. 이들 모두가 그에게는 '귀인'이었다.

"제가 아들을 제대로 가까이서 만져보고 느끼고 한 것이 겨우 2007년이에요. 그때까지 저는 바깥일을 하고, 아내가 전적으로 아들을 돌봤어요. 무릎 연골이 다 나가서 고생하더니 급기야 암까지 얻어 쓰러졌어요. 그 전까지는 나도 최선을 다한다고 생각했지만 사실은 아내에게 아들을 맡기고 방관한 것 아닌가 싶어 가슴이 아팠어요. 제가 아내 대신 아들을 씻기고 돌보면서 반성을 많이 했어요. 그런 과정 속에서 아이들과 교감하기 시작했죠. 저는 스스로를 꽤 괜찮은 아빠로 생각하고 있었는데 애들하고 친해진 뒤 다시 물어보니까 겨우 낙제점 면하는 아빠였다고 해요. 그러니 제 아이들도 귀인이죠. 저를 다른 사람으로 만들어준 거잖아요."

그런 긍정적이고 행복한 마음 씀씀이 덕분인지 그의 부인은 무사히 암을 이겼다. 스무 살을 넘기기 힘들 거라던 아들도 지금 6개월 수습기간을 거쳐 재택근무하는 직원으로 천지세무법인에 정식으로 입사했다. 회사 인트라넷에 홈페이지를 관리하는 업무다.

진심으로 감사할 줄 알 때 행복해진다

아들을 돌보면서 그는 우리 사회의 약자들이 느끼는 고통을 자기 것으로 느끼게 됐다. 아너 소사이어티 회원이 된 것도 그에겐 자연스런 귀결이었다. 아너 소사이어티 외에도 그는 다양한 기관에 기부해왔다.

"푸르메재단 기부도 아무 관계없이 인터넷에서 보고 제가 혼자 그냥 회원가입해서 넣기 시작한지 꽤 됐어요. 제 아들은 이곳저곳 치료라도 받으러 다닐 수 있지만 그렇지 못한 아이들도 많아요. 그들을 위해 재활병원을 지어주려는 곳이 푸르메재단이거든요. 저는 철인이 아니라 평범한 인간이에요. 의지가 약하기 때문에 예를 들어 담배를 끊을 때, 담배 끊었다! 하고 미리 소문을 내놓고 담배 끊어요. 지난번엔 판소리 강좌를 들으러 다녔는데, 거기 가면서도 계속 소문내고 다녀요. 올 연말 모임에는 내가 무조건 사랑가, 사철가 부르겠다고 그랬거든요. 그것 때문에 내가 열심히 해야 되는 거예요. 말을 내뱉으면, 지키지 않으면 안 되니까요. 저는 정말 이쪽 일에 쓰는 돈은 내 돈이 아니라는 생각을 가지고 있어요."

동생이 남기고 간 선물

고(故) 서근원 회원

서근원이라는 이름

서근원. 그는 2008년 루마니아 망갈리아의 조선소 건설 현장에 파견됐다. 그해 연말에 휴가를 받아 거제도에 형을 만나러 왔다. 형 서정운 씨는 동생과 함께 계룡산에 올라 2009년 새해 첫 해돋이를 봤다. 형은 새해 소망을 담은 편지와 함께 마른 오징어 한 묶음을 동생의 짐에 챙겨 넣었다. 동생은 얼마 뒤 전화 통화에 "그날 태어나서 처음으로 새해 해돋이를 봤는데 진짜 멋지더라"고 했다. 형은 그저 씨익 웃으며 그랬냐고 대답했을 뿐이었다. 이 전화를 마지막으로 그는 몇 달 뒤 세상을 떠났다. 낯선 나라 루마니아에서 추석 전날 조선소 지붕을 고치러 올라갔다 돌풍에 떠밀려 추락사한 것이다.

2009년 10월 2일의 일이었다.

동생의 죽음을 둘러싼 소송은 2년을 끌었다. 지루한 싸움이었다. 그러다가 결국 2011년 법원이 산업재해를 인정했다. 형 서정운 씨는 보상금을 더 받기 위해 싸운 게 아니라 동생의 억울함을 풀어주기 위한 소송이었다고 그간의 심정을 고백했다. 고인은 마흔 살 노총각으로 세상을 떠났다. 뒤에 남은 서명자 씨와 서필여 씨, 서정운 씨 삼 남매는 재판 결과가 나오기 전부터 이미 보상금 전액을 동생 이름으로 기부하기로 합의를 본 상태였다. 아너 소사이어티 회원 가운데 처음으로 유족의 뜻에 따라 '고인'이 가입하게 된 사례였다.

형 서정운 씨도 조선 업계에 근무한다. 하지만 사고 소식을 듣고 루마니아 사고 현장에 날아가보니 동생의 회사는 기본적인 안전 수칙조차 지키지 않고 있었다.

"회사를 대표하는 진짜 사장은 지금껏 얼굴 한 번 본적이 없어요. 장례식 전날 회사를 대표해서 이사라는 분이 와서는 자기네 회사가 1억 원 정도 보험을 들어놓았고 산재가 인정되면 1억 2000만 원이 더 나와서 2억 2000만 원이 될 텐데 그 중에서 5000만 원은 떼고 나머지만 주겠다고 했어요. 장례비와 시신 운반비를 제하고, 루마니아 당국에 낼 벌금도 우리에게 물리겠다는 얘기였어요. 돈보다도 일단 말도 안 되는 터무니없는 말에 가슴이 무너졌죠."

삼 남매가 소송을 결심한 또 다른 이유는 동생 죽음의 '이유'였다. 동생은 관광 비자를 받아서 해외에 나갔다. 명절 휴무도 없이 열심히 일하다 죽었건만 사망 증명서에는 '객사'로 기록됐다.

"일을 하다 죽었는데 사망증명서에는 여행하다가 죽은 걸로 되어 있어요. 일을 하다 죽은 거 하고, 여행하다 죽은 거 하고 의미가 크게 다르잖아요. 우리에겐 동생의 목숨이 돈보다 더 중요했고 명예를 지켜주고 싶었어요. 결국 2009년 11월에 변호사를 선임해서 재판을 시작했습니다. 그게 쉽게 안 끝나더라고요. 긴긴 시간이었습니다. 죽은 동생은 말이 없고, 사고 당시 현장의 증인은 아무 말도 못하고…… 정말."

재판이 끝난 뒤 삼 남매는 진수희 당시 보건복지부 장관에게 "동생의 사망 보상금 2억 2720만 원을 기부하고 싶다"는 편지를 썼다. 복지부가 삼 남매에게 사회복지공동모금회를 소개해줬다.

내 동생 서근원

고 서근원 씨는 부자도 아니고 처자식도 없다. 그는 충북 제천의 시골에서 홀어머니 아래 자라 제천제일고를 졸업한 후 거제도의 한 조선소에 입사했다가 군대를 제대하고 난 후 다시 거제도로 왔다. 형은 울산 현대자동차에서 근무하다가 94년도에 거제도로 왔다. 그렇게 두 형제는 고향을 떠나 거제도에 둥지를 틀고 서로를 의지하며 살았다. 평범한 삶이었지만 그것으로 만족했다.

"아버님이 지병으로 돌아가셨을 때 저는 다섯 살, 동생은 두 살이었어요. 저희 어머니가 사 남매 키우느라 많이 고생하셨죠. 아버님에 대한 기억은 없어요. 동생은 더 없을 거고, 저 같은 경우는 초등학교 3학년 때부터 나무지게를 졌어요. 동생은 착하고 머리가 좋았어요. 하지만 공부에는 취미가 없었지요. 손재주는 좋았어요. 그렇게 컸습니다. 좀 더 살아도 되는 거잖아요. 그런데 그렇게 가버리다니."

두 누나는 고국으로 돌아온 동생의 운구를 보고 두 번이나 실신을 했다.

"저희 어머니가 병원에 6년 정도 있다보니까 그 사이에 동생이 혼기를 놓쳤어요. 어머니는 뇌출혈로 쓰러지신 뒤 오랫동안 투병했어요. 그때만 해도 요즘처럼 노인장기보험 혜택이 안 되었을 때예요. 저도 그랬지만 동생 역시 어머니를 부양하느라고 자기 딴에는 부담이 컸던 가 봐요. 그런데도 엄청 효자였죠. 막내답게 어리광 피워서 가족들 즐겁게 해주면서도 자기 몫의 일도 열심히 했어요."

동생이 떠난 뒤 형 정운씨가 동생의 뒷정리를 했다. 회사 동료들이 기억하는 동생은 멋도 부릴 줄 알고 여행 다니는 것도 좋아하는 사람이었다. 남에게 신세를 지기 싫어해 주머니에 돈이 있으면 자기가 다 내고 주머니에 돈이 없으면 밖에 나가지도 않았다. 그러면서도 공동으로 사용하는 기숙사의 위성텔레비전 설치비와 시청료를 꼬박 자기 이름으로 냈다. 동생은 지나가다 모르는 아이들에게 과자도 사줄 줄 알았다. 다섯 명의 조카들에게도 통 큰 삼촌으로 통했다. 세상에 없는 사람의 추억을 듣는 일은 쓸쓸한 일이다.

동생이 저였더라도 이렇게 했을 겁니다.

"만약 입장이 바뀌어서 동생이 제 처지였더라면 동생도 이렇게 했을 겁니다. 동생이 좋은 대학에 간 것도 아니고 크게 출세하거나 부자가 된 것도 아니지만 정직하게 살다가 갔어요. 기부금이 동생처럼 열심히 살고 정직하게 살아온 힘든 사람들한테 쓰였으면 좋겠습니다. 다른 거 없습니다. 기부는 타지에서 외롭게 죽은 동생에게 우리 삼 남매가 해줄 수 있는 마지막 위로예요."

죽은 동생의 영정사진을 쓰다듬는 형의 손은 2년이 지나도 여전히 떨렸고 과거를 떠올릴 때마다 긴 침묵이 이어지기 일쑤였다.

대가족 속에서 배운 나눔

이상춘 회원

창업 10년 만에 이룬 성공

경주시 외동읍 냉천리. 이곳에는 자동차 부품용 특수소재를 공급하는 철강기업 현대강업(주)이 있다. 특수소재 국내 총 수요인 연간 10만 톤 중 현대강업이 담당하는 것은 절반 분량인 5만 톤. 창업 10여 년 만에 매출 650억 원을 넘어서는 가파른 성공으로 주목을 받은 이 기업의 경영인이 바로 이상춘 대표이다.

그는 2000년 회사를 창립한 이래 바로 다음 해인 2001년부터 기부와 나눔활동을 시작했다. '경주시 청소년 챔버오케스트라' 창단 시에 600만 원에 달하는 성금을 후원해준 것을 비롯, 모교인 경주고등학교를 비롯해 황성초, 용황초등학교에도 1억 원에 가까운 장학금을 지원했다. 그동안 누적 기부금액만 3억 5천만 원에 달한다. 2010년 6월에는 사회복지공동모금회에 5년 동안 매년 2000만 원씩, 총 1억 원 기부를 약정하여 아너 소사이어티 회원이 되었다. 그가 이렇게 단시간 내에 기업을 일구고, 동시에 기부와 나눔의 활동을 병행하게 된 힘은 무엇이었을까.

“아마 2001년이었던 것 같아요. 동네에서 가까운 경로당에 인연이 닿아 처음 도움을 드리게 되었지요. 그때는 제가 가진 게 없었지만 이런 생각은 갖고 있었어요. 뭐든지 주위와 좀 나눠야 되겠다는 생각이죠. 제가 사업 시작할 때 주변의 도움을 많이 받았거든요. 그런데 점점 회사가 성장하면서 아, 이렇게 내가 얻은 건 내가 100을 잘해서 얻은 게 아니라 내가 30을 했다면 나머지는 다른 분들이 계셔서 그분들의 도움으로 70을 채운 거구나. 돌이켜보면 정말 인복이 있었어요, 저 같은 경우는. 그렇다면 얻은 것을 주위에 돌려드리는 게 마땅하다는 마음이 들었어요.”

대가족 속에서 배운 나눔

아너 소사이어티 회원인 기업인들은 대체로 자신의 성공을 자기 혼자만의 공로로 생각하지 않는다. 자기가 노력한 것만큼, 때로는 그 이상으로 주변의 도움에 의미를 둔다. 그런 마음이 있기에 기부와 나눔 역시 흔쾌히 시작할 수 있을 것이다. 이상춘 대표 역시 창업 전 경주에 있는 자동차 시트를 만드는 회사에서 일할 때 만난 인연들이 창업 시에 큰 힘이 되었다고 했다. 어디에서도 만날 수 없는 소중한 사람들이 그에게 선뜻 손을 내밀었고, 그 힘으로 어려운 사업 초창기에 비교적 평탄하게 자리를 잡을 수 있었다는 것이다.

어린 시절 그는 할아버지 할머니, 그리고 부모님, 여기에 작은아버지, 고모들, 이상춘 대표 사 남매까지, 도합 열세 명에 이르는 대가족 속에서 자랐다. 대대로 농사를 짓고 살아온 까닭에 밥을 굶는 일은 없었지만 그렇다고 결코 풍족한 것도 아니었다. 이른 나이부터 이상춘 대표는 돈을 벌어야겠다는 생각을 했다. 넉넉하지 않은 집안 형편이 오히려 성공해야겠다는 강한 원동력으로 작동한 것이다.

"저희 집에는 방이 몇 개 없었어요. 식구는 많고. 어릴 때부터 전 할머니 할아버지 방에서 잤어요. 제 방은 꿈도 못 꿨죠. 또, 농사라는 것이 매달 고정적인 수입이 나오는 게 아니잖아요. 제가 장손이라서 책임감도 있었고요. 해서 대학 졸업을 한 학기 남겨두고 집에서 가까운 회사에 취업을 했고 열심히 일을 배웠습니다."

늘 농사일로 바쁜 부모님은 자식에 대한 애틋한 마음이 있어도 함께 사는 가족들이 있으니 표 나게 잘 해주지도 못했다. 이런 환경 속에서 자란 이상춘 대표는 오히려 배운 것이 있었다.

"대가족이라는 게 끼니 때 한 사람이 많이 먹으면 다른 사람은 그만큼 못 먹게 되거든요. 알아서 자기 몫을 챙겨 먹되 그 이상을 가지려는 생각은 안 했던 것 같아요. 왜냐하면 자기가 욕심을 부리면 가족 중 다른 사람이 굶을 수도 있으니까요."

대가족 속에서 자라면서 그는 더 가질 수 있어도 옆 사람을 생각해 절제하고 배려하는 법을 배웠다. 저절로 깨우쳤다. 어린 시절부터 사람과 사람이 주고받고 나누는 감각을 몸에 익혔다. 이런 마음가짐이 사업을 하더라도 타인을 배려하는 것이 자신도 잘되는 길이라는 깨달음으로 이어졌다. 덕분에 사업에 성공한 뒤에는 나눔을 자연스럽게 실천할 수 있었다.

그가 대가족 생활을 하면서 배운 것은 또 있었다. 바로 '조그만 것도 나눠 먹으라'는 어머니의 말씀이다.

"처음 회사 시작할 때는 돈이 조금만 생기면 직원들하고 같이 삼겹살 구워 먹었지요. 그때는 직원들이 십여 명 안팎일 때니까 야간에 일할 때는 저희 집사람이 김밥이나 초밥을 싸서 가져다주곤 했어요. 저는 떡볶이나 음료수 사서 또 나눠 먹고. 하여간 제가 그렇게 나눠 먹는 걸 좀 좋아하는 편이에요. 할아버지 할머니가 이야기하시는 것도 늘 나눠 먹으라는 말씀이셨어요."

학교 갔다 집에 올 때, 이상춘 대표는 꼭 사탕 한 봉지를 사 왔다. 손주가 사 오는 자잘한 간식거리가 연로한 할머니에겐 삶의 재미가 되니, 집에 빈손으로 오지 말고 따로 살 게 마땅치 않으면 아주 조그만 것, 뻥튀기라도 꼭 사 오라고 어머니는 말씀하셨다.

"덕분에 기부도 자연스럽게 해온 것 같습니다. 예를 들어서 처음에 기부할 때 천만 원 들고 큰 기관 거창한 행사에 참여하는 방식으로 시작했다면 부담스러워서 몇 번 못 했을 거예요. 하지만 제 주변부터 시작해서 도움이 필요한 곳에 조금씩 자연스럽게 지원해 드리다보니 편안하게 계속 할 수 있었습니다. 제가 도와드린 사람으로부터 어디의 누가 어려우신데 도와줄 수 없느냐 하는 부탁을 받으면 힘닿는 대로 또 거기 가서 도와드리고 거기서 또 다른 인연이 뻗어나가는 식이었어요. 그러니까 특별나게 내세울 만한 그런 건 아니에요. 마음을 나눌 수 있다는 게 가장 중요한 거 아닌가 싶습니다."

자연스러운 기부와 나눔

그는 앞으로 회사 역시 인위적으로 무리해서 키우는 것은 바라지 않는다고 했다. 늘 자신이 할 수 있는 정도의 범위에서 자연스럽게 성장하기를 바란다는 것이다. 과욕을 부리는 일 없이, 서둘러 커다란 성과를 얻으려고 조급하게 구는 일 없이, 지금 가진 것을 주위의 사람과 자연스럽게 나누면서 천천히 커나가고 싶다는 말이었다.

"저희 회사는 고졸이나 대졸 직원이나 차별 없이 대합니다. 열심히 일하면 그만큼 인정해주는 거지요. 중소기업이기는 하지만 회사 차원에서 아파트 구입해서 무주택 직원들에게 사택으로 제공도 하고 있습니다. 탁구장, 체력단련실, 포켓볼 당구대, 골프연습장도 회사 안에 있어요. 이런 것도 다 나누는 거라고 생각해요. 그 하나하나에 무슨 거창한 의미가 있는 것은 아니고요. 그저 보통의 사람들도 최소한의 양심이 있다면 할 수 있는 부분이 아닌가 해요."

지금은 이상춘 대표가 대가족의 구심점이 되어 가족들을 보살피고 있다. 일 년에 세 번 정도 정기적인 모임도 갖고, 사촌 동생들이 학교에 진학하면 힘을 보태주기도 한다. 그가 생각하는 기부와 나눔은 '밸런스'다. 너무 과하지도, 부족하지 않게 전체 상황을 고려하면서 자연스럽게 이루어지는 나눔이야말로 오래 지속될 수 있다는 믿음이다. 아너 소사이어티 회원이 된 것도 그런 맥락이다.

"1억은 큰돈이죠. 하지만 액수가 중요한 건 아니고 제가 이렇게 기부할 수 있다는 자체가 사실 고맙지요. 기부하기로 약속하고 그걸 차근차근 지켜나가고 있는 저 자신을 바라보면서 '내가 그래도 변하지 않고 살아가고 있구나' 생각하게 되니까 그 자체가 고맙지요. 기부를 통해 제 마음이 편해질 수 있다는 게 참 좋아요. 기부는 웅장한 게 아니에요. 재산이 있는 사람들만 하는 것도 아니고요. 없는 사람들도 500원 낼 수 있잖아요. 100원 낼 수 있잖아요. 그러다가 5만 원도 되고 100만 원도 되는 거거든요."

8장 이보다 더 좋을 순 없다

배운 대로 실천하는 삶

한철수 회원

작지만 모이면 큰 힘이 됩니다

한철수 고려철강 대표는 차 타고 다닐 때 라디오를 즐겨 듣는다. 서민들 애환이 묻어나는 프로그램 '지금은 라디오 시대'를 특히 좋아한다. 그는 작은 힘이 모여 기적을 만든다는 것을 믿는다. 라디오를 청취하다 찡한 사연이 나오면 ARS로 단돈 천 원, 이천 원이라도 그 자리에서 낸다. 그에게 기부란 대기업이나 큰 부자만 할 수 있는 것이 아니다. 큰돈이 생긴 뒤 마음먹고 기부하려 들지 말고 자기 형편에 따라 그때그때 일상적으로 나누고 살아야 한다고 했다.

"모임에 가서 그런 얘기를 꺼내면 의외로 반응이 좋아요. 다들 남을 돕고 싶다는 마음은 있는데 기회가 없어 망설이고 있다가 제가 말을 꺼내면 반가워하는 거죠. 10명이 모이는 모임이 있는데 내가 우리가 수는 적어도 보람된 일을 하면 좋지 않겠나 했어요. 마침 마산 달동네에서 열악한 집들 수리해주는 동장이 제 친구 와이프더라고요. 직접 가서 보니 우리가 재료를 사서 조금만 자원봉사를 하면 한 가정의 삶의 질이 금방 달라지겠더라고요. 한 가구에 100만 원 정도만 들이면, 벽지도 발라주고 장판도 갈고 지붕도 고쳐주고 엉망진창인 밥상, 냄비 같은 것도 바꿔드릴 수 있어요."

십시일반으로 거둔 돈으로 한 집씩 차례차례 고쳐주면서, 그는 정말 변한 건 집이 아니라 그 집에 사는 사람이라는 걸 깨달았다. 세상만사를 포기한 것 같던 사람들이 표정부터 싹 바뀌더라는 것이다. 그 기쁜 마음은 겪어보지 않은 사람은 이해할 수 없다고 했다. 그래서 내친 김에 회사 창립 30주년 기념으로 직원들이 1000만 원을 모아 열 집 정도를 더 고쳐주었다. 그는 '작은 기부'를 통해 우리 사회 전반이 조금씩 바뀌기를 희망한다. 동창회나 동기 모임에서도 그는 오지랖 넓다는 농담 들을 각오를 하고, 여럿이서 단돈 5만 원이나 10만 원이라도 꾸준히 모아서 형편이 어려운 학생들에게 장학금을 내자고 제안하곤 한다.

그는 기부하는 것만 나눔이 아니라, 남에게 기부할 계기와 동기를 주는 것도 나눔이라고 했다. 누구라도 좋은 일을 하고 싶은데 뚜

렷한 기회도 없고 어디 가서 누굴 도와야 할지를 몰라 돕지 못하는 것뿐이다. 또 돈만 걷어서 전달하고 끝내는 게 아니라 어디 사는 누구를 어떻게 도울지 일일이 알아보고 몸으로 부딪치면서 자원봉사까지 하는 게 옳다고 했다. 그래야 기부가 물질적 조건뿐 아니라 사람의 마음까지 어루만질 수 있다.

"저번에 집 고쳐주는 봉사활동하고 돌아온 우리 회사 직원이 나한테 '정말로 저는 이때까지 저렇게 사는 사람이 있다는 걸 보지도 듣지도 못했었는데, 정말 보람 있는 일을 했습니다'라고 하더라고요. 그게 행복 아닙니까."

만기 적금을 찾아 기부금으로

자신이 직접 복지재단이나 장학재단을 운영해보는 것이 그의 오랜 꿈이었다. 그런데 현실의 벽이 만만치 않았다. 일상은 바쁘고 절차는 복잡했다. 그러던 차에 은행에 100만 원씩 꾸준히 넣던 적금이 만기가 됐다. 9600만 원에다 부족한 400만 원을 채워서 사회복지공동모금회에 기부했다. 신문에 내지 말라고 신신당부했는데 그만 신문에 났다. 부인은 남편의 기부를 신문 보고 알았다. 남편의 심성과 철학을 익히 아는 터라, 돈 냈다고 골내지 않았다. '남이 모르게 내지 그랬냐'고 했을 뿐이다. 그는 생각이 다르다. 자신의 실천이 생각은 있지만 실천하지 못하고 사는 사람들에게 마음을 움직이는 촉매제가 될 수 있기 때문이다.

"우리 집에 늦둥이가 둘이 있어요. 서른 살 딸내미 밑에 고1, 고2인 애들이 있는데 걔들이 아빠 너무 잘했다는 거예요. 예전부터 우리 애들은 지들 용돈에서 유니세프에 월 만 원씩 자동이체하고 있었는데 아빠로서 애들한테 체면치레도 한 셈이지요."

기부한 사실을 밝히고 난 후 도와달라는 곳이 엄청나게 늘어나기는 했다. 그래도 그는 기부한 걸 후회하지 않는다. 지금도 도움을 원하는 단체나 개인의 연락을 직원 선에서 끊지 않고 자신이 직접 일일이 듣고는 형편 닿는 대로 도움을 주는 편이다. 사실 기부라는 행위는 기부 그 자체보다는 기부 이후가 더 중요하다. 첫 기부는 우연하게 시작했을지라도 그 다음부터는 이에 대한 지속적인 응답이 요구되기 때문이다.

"우리 사무실에 많이들 찾아옵니다. 뭐 예술인 단체고 장애인 단체고 이런데서 오거든요. 우리 직원들조차 감당을 못 할 정도로 많이 올 때도 있는데 그래도 절대 너희 선에서 거절하지 마라, 만나서 듣고 여력이 되고 우리가 할 수 있는 범위면 돕는 거다, 그걸로 스트레스 받지 마라, 이렇게 합니다. 긍정적으로 생각해야지요."

아버지와 어머니의 뜻을 따라

다른 많은 아너 소사이어티 회원들처럼 한철수 대표도 맨손으로 일어섰다. 그리고 조금씩 경제적 여력이 더 생길 때마다 기부도 늘려왔다. 그는 남을 도와줄 때 제일 즐거운 이는 오히려 돕는 사람이라고 했다. 남을 위해 뭔가 했다는 뿌듯한 느낌이 그 자체로 최고의 보상이라는 얘기였다. 그는 마산에서 태어났다. 70년대 초 서울에서 대학에 다닌 기간만 빼고는 줄곧 고향에서 살았다. 78년에 대학을 졸업한 뒤 창원공단에 내려와 직장을 구했다. 그는 일 남 삼 녀 중의 독자다. 부친은 만주 용정에서 자라나 흥남공대를 나온 식민지 시대의 엘리트였다. 그러다 일사후퇴 때 친척도 없이 혼자서 마산으로 내려와 마산공업고등학교에서 37년간 교편을 잡았다. 그의 어머니는 독립투사의 딸이다. 외할아버지 죽헌 이교재 선생은 3·1운동 때 경상남북도 일대에 '독립선언서'를 배포해 옥고를 치렀고 이후 상해임정에 참여해 국내외를 오가며 군자금을 모으는 위험한 사명을 수행했다. 그는 일제에 붙잡혀 총 네 번 옥살이를 했고 결국 부산형무소에서 아까운 나이에 옥사했다. 해방이 되고나서 김구 선생과 상해임시정부요원들이 외할아버지의 묘소에 참배 왔던 일화는 어린 한철수 대표의 마음에 특별한 자부심을 심어주었다. 살림이 넉넉하지 않은 형편에도 그의 어머니는 자기보다 더 힘든 사람들에게 밥 챙겨주고 베풀 줄을 알았고 그의 아버지는 평생 교직생활을 하면서 곧고 바르게 살았다.

사무실에 전화 한 대 놓고 시작한 일 인 회사가 지금은 서른두 명의 직원을 둔 알짜 회사가 됐다. 그러기까지 그는 여러 번 위험한 고비를 넘겼다.

"IMF 기간 동안 우리 같은 동종 업체들이 3분의 2가 다 부도가 났고, 저도 거기에 직접적인 타격을 받았어요. 그 당시에 부도를 딱 내버리고 남은 돈을 챙기면 다시 재기할 수 있겠다 싶었어요. 하지만 망하더라도 명예를 지키면서 살자고 결심했지요. 그래서 그랬는지 어쨌든 운 좋게 자연스레 잘 풀려나갔어요. 흔히 바르게 살면 손해라지만 제가 살아보니 꼭 그렇지 않았어요."

그는 정치든 경제든 상식이 통하는 사회가 되어야 한다고 했다. 모두가 자신의 욕심만 채우려 하다보면 남들에게 베풀지는 않고 요구만 하게 된다. '사회 전체적으로 볼 때 이렇게 가는 게 맞다'라는 생각이 들면 자기에게 좀 손해가 되더라도 큰 틀에서 따르는 게 옳다. 서로가 양보하고 배려하는 마음을 가지면 정치도 경제도 안 풀릴 문제가 없다는 것이다.

"기부하면서 그런 생각이 깊어졌어요. 기부를 계속하다보면 내가 양보를 해야지, 내가 줘야지 하는 마음이 생기거든요. 내가 많은 것을 누리고 있구나. 누리지 못하는 사람에게 베풀 수가 있어 행복하구나. 이런 거를 느낄 수 있거든요. 아이들이 이런 걸 몸으로 익히면서 자라게 해야 하는데 요즘엔 유치원이나 초등학교부터도 공부 잘하라는 소리만 하고 그런 걸 잘 안 가르치는 것 같아요."

사람과 사람 사이의 희망

김영갑 회원

희망 없이는 사람도 없다

법무법인서광의 김영갑 대표는 희망 없는 사람이 너무 늘어서 걱정이라고 했다. 그는 20년간 판사로 봉직하고 변호사로 길을 바꿨다. 법복을 입고 있던 시절부터 로펌 대표가 된 지금까지 사회로부터 버려졌다는 자괴감과 고립감 때문에 극단적인 선택을 하는 사람들을 수없이 봤다. 이들에게 조금이라도 희망을 줄 수 있는 길이 뭘까 고민한 끝에 찾은 곳이 바로 사회복지공동모금회였다.

"우리나라 자살률이 OECD 국가들 가난한 몇 나라 빼고는 현재 몇 년째 1위를 하고 있습니다. 하루에 45명씩 1년이면 1만 6천 명가량이 자살을 합니다. 거기에는 노인도 많고, 청소년도 많은데, 특히 청소년 사망률 1위가 병이 아니고 자살이라는 게 좀 충격적이죠."

세상에 자기 혼자 남았다고 느끼는 외로운 순간 누군가 손을 내미는 사람이 있다면 얼마나 좋을까. 김영갑 대표는 우리 사회에 자살이 늘어나는 건 꼭 돈이 문제가 아니라 타인에 대한 관심과 배려가 더 큰 문제라고 했다. 측은지심이 사라진 사회, 저마다 자기만 챙기는 사회가 자살을 늘렸다는 것이다. 그에게 기부는 나름대로 정성껏 측은지심을 실천하는 방편이다.

그는 판사 시절 87년부터 90년까지 통영에서 근무했다. 행복한 나날이었다. 둘째 아이를 낳았고 시골 생활의 즐거움도 알았다. 시골 바람에 얼굴이 벌겋게 탄 아이들을 데리고 90년에 서울에 돌아왔다. 자기 자식을 키우면서 버림받은 아이들은 얼마나 외로울까 측은해졌다. 그래서 한국어린이재단 SOS에 소액 후원금을 내다가 조금씩 액수를 늘려 지금은 매달 천만 원씩 후원하고 있다. 양로원, 정신지체아 시설, 아름다운 가게, 소년소녀가장 후원도 계속 해왔다. 그러다 아너 소사이어티 회원이 되자고 결심한 것은 2003년 변호사 개업을 하고 난 뒤였다.

"변호사 생활하고 하면서 사회에서 혜택을 많이 받았잖아요. 변호사는 법을 통해 어렵고 억울한 사람을 돕는 직업이에요. 동시에,

그런 분들이 저를 찾아와서 의뢰를 하니까 그분들 덕분에 내가 변호사를 할 수 있는 거잖아요. 그러니 나도 돌려드려야겠다, 뭔가 사회에 기여해야겠다. 이런 마음으로 한 거죠."

착한 일을 많이 한 집안이 반드시 경사스런 일이 있다

그는 충남 논산 상월면에서 이 남 삼 녀 중 장남으로 태어났다. 초등학교 5학년까지 그곳에서 살았다. 그의 아버지는 일제 때 남산고등학교를 나온 수재였지만 성품이 곧고 꼬장꼬장해 세상살이엔 서툴렀다. 시골로 내려와 농사를 지었다. 다른 시골 애들처럼 그는 고무신 신고 꼴 베서 소 키우며 살았다. 그런 그를 눈여겨본 사람이 숙부였다. 숙부는 고향을 떠나 옷을 염색하고 가공해서 수출하는 사업을 했다. 공부 열심히 하고 책을 가까이 하는 조카를 유심히 지켜보다가 도시에 나와서 공부할 기회를 줬다. 그는 숙부를 따라 초등학교 5학년 때 대전으로 전학을 갔고 이후 전국 수재들이 모이는 서울고등학교에 진학했다. 물론 숙부도 아직 젊어 서울 생활은 그렇게 쉽지 않았다. 숙부가 남대문 근처에 얻어놓은 조그마한 여관방에서 3개월을 보냈다. 둘이 누우면 꽉 차는, 쪽방보다 조금 나을까 말까 한 방이었다. 담임선생님이 가정방문을 왔다가 제자가 여관에 사는 걸 보고 깜짝 놀라 자기가 아는 사람 집에서 하숙을 하도록 주선

했다. 이후 그는 대학교 2학년 때 부모님이 서울로 올라오기 전까지 혼자서 서울살이를 견뎠다.

그가 지금 위치에 올 수 있게 기회를 주고 어려울 때마다 바람막이가 되어준 은인이 숙부였다. 사업을 해서 조카들의 학비까지 대준 숙부는 그에게 '적선지가에 필유여경(積善之家 必有餘慶)'이라는 말을 자주했다. 착한 일을 많이 한 집안에는 반드시 경사스런 일이 있다는 뜻이다. 숙부는 술도 안 마시고, 낭비라고는 몰랐다. 숙부와 함께 그에게 인생을 가르친 또 다른 어른이 아버지였다. 2006년에 별세하기까지 아버지는 새벽부터 밤늦도록 고단하게 일했다. 무슨 일이 있어도 자신이 맡은 일은 끝내고 마는 근면 성실한 자세를 아들에게 보여주었다. 너그러운 숙부와 근면한 아버지가 그에겐 '나도 이렇게 살아야 한다'는 표본이 됐다. 무슨 일이든 일도양단으로 서둘러 결론을 내리지 말고 느리더라도 차근차근 풀어나가야 한다는 것도 숙부와 아버지가 그에게 준 가르침이다.

"현직에 있을 때도, 우리가 법 이론대로만 하면 한쪽이 이기고 한쪽이 지고 이렇게 되잖아요. 그러면 억울한 경우가 많이 생겨요. 현직에 있을 때도 판결보다는 화해나 조정을 많이 시켰어요. 일은 더 많아지지만 그게 보람이 있거든요. 제 아이들에게도 항상 다른 사람 이야기를 잘 들어보라고 가르쳐요."

입장을 바꿔서 생각해보면 역지사지의 마음이 생긴다. 법으로 만나는 게 아니라 사람과 사람으로 만나게 된다. 일단 마음이 풀어지면, 악다구니를 쓰고 다투던 사람들끼리 서로 양보하고 용서하고 둘 다 이길 수 있는 타협점을 찾을 수 있게 된다.

노력하는 사람이 성공하는 사회

그는 "사다리가 무너지고 개천에서 나는 용이 사라지는 게 지금 우리 사회의 가장 큰 문제"라고 했다. "지금 현재 법조인 중에서 고등학교를 따지면 이미 4, 5년 전부터 대원외고가 압도적으로 일등입니다. 옛날에도 명문고가 있었지만 그때와는 또 달라요. 대원외고를 시골 출신이 다니기가 어렵잖아요. 그런 일이 학교 차원에서만 일어나는 게 아니라서 더 문제예요. 대기업의 실적은 좋은데 사회의 하층민은 먹고사는 것 자체가 어려운 것도 양극화가 빚어낸 심각한 문제지요."

그가 학교를 다니고 직장을 구하던 시절만 해도 자기만 노력하고 운이 있으면 얼마든지 성공할 수 있었다. 개인의 능력으로 충분히 성공할 수 있다는 믿음이 사회에 대한 신뢰로 이어졌다.

그가 논산에서 대전으로 전학을 갔을 때나 다시 서울로 갔을 때 자신만 열심히 하면 얼마든지 높은 자리로 갈 수 있다는 자신감이 그에게는 있었다. 같은 반에 재벌급의 친구들이 있어도 함께 공부하면서 전혀 주눅 들지 않았다.

"그런 부잣집 친구들하고 어울리면서도 전혀 그런 의식을 못했죠. 돈이라는 게 중요하고 부럽다는 그런 생각 안 했어요."

사다리가 무너지면서 젊은이들 사이에 노력하는 자세가 줄어드는 것도 심각한 문제다. 그는 자신에게 기회를 준 숙부에게 감사하는 마음을 간직하고 있다. 그런 마음으로 분당에 사는 숙모에게 자주 안부 전화를 드린다. 그의 아내는 공직자 부인이던 시절이나 로펌 대표의 부인이 된 지금이나 백화점에 가면 세일하는 것만을 사고 아무리 마음에 들어도 가격이 비싸면 구입하지 않는다. 그런 부인이 한 번은 그에게 "정치를 한다면 말리겠지만 기부를 한다면 반대하지 않겠다"고 말했다. 자기는 아끼고 살아도 그 돈으로 남을 돕는 건 흔쾌하게 동의하는 부인이 그는 고맙고 존경스럽다고 했다.

기업 의사에서 사회의 의사로

김일섭 회원

신앙의 힘

김일섭 한국형경영연구원 원장은 결혼한 뒤 자신의 소득에서 반드시 10분의 1을 십일조로 내왔다. 독실한 기독교인이지만 반드시 종교심에서 십일조를 실천한 건 아니었다. 십일조를 내고나서 남은 10분의 9에서 또 다시 기부를 했다. 그에게 기부는 자신을 키워준 대한민국 사회에 해야 할 도리를 다하는 행위다. 노블리스 오블리주인 동시에, 개인적으로 큰 충족감을 얻는 행위다. 기부에는 논리적인 타산을 뛰어넘는 기쁨이 존재하기 때문이다. 그는 기부하면서 오히려 더 큰 기쁨을 누리는 것이 기부의 역설이라고 했다. 그는 국내 최고의 세무법인에서 오랫동안 일했다. 전문직 종사자로서 최고의 지위에 올랐다. 혼자 잘나서 이룬 성취가 아니라, 대한민국 사회 안에서 이룬 성취였다. 그는 개인의 노력으로 얻을 수 있는 이익을 넘어서는 이익은 당연히 사회에 되돌려주는 것이 옳다고 했다.

"사실 제 집사람이 신앙심이 깊어요. 저는 많이 부족하고요. 제 아내는 십일조에 대한 확고한 신념과 믿음을 가졌고 저는 따라갔다는 것이 맞는 표현이에요. 우리는 어려운 과정을 많이 겪어왔는데 어려울 때라도 꼭 십일조를 했어요. 어떤 때는 빚내서 하기도 하고요. 집 판 돈에서도 냈어요. 당연히 해야 할 일이라고 생각하고 한 일이지 내가 대단한 희생을 한다고 여긴 적은 한 번도 없습니다."

그는 삼일회계법인에서 직장생활을 시작했다. 삼일회계법인 대표와 연세대 부총장을 거쳐 한국형경경영연구원을 창립했다. 박봉에 쪼들리던 시절 그의 아내는 아이들을 데리고 어디 가거나 장 보러 갈 때 아무리 멀어도 택시 대신 꼭 버스를 탔다. 지금도 사치와는 거리가 멀다. 빚내서 십일조를 하고 자신은 버스를 타는 게 남들 눈에는 이상하게 보일지 모른다. 왜 그렇게 사서 고생을 하느냐고. 자기 자신에게 돈을 쓰는 게 좋은 거 아니냐고.

처가는 뿌리가 평양에 있다. 반면 그는 고향이 부산이다. 남남북녀가 만나다보니 그가 춥다고 하면 아내는 덥다고 하고 그가 덥다고 하면 아내는 춥다고 한다. 두 사람은 지인의 소개로 처음 만났다. 당시 그는 전혀 결혼할 형편이 못 됐다. 하지만 그의 아내는 기꺼이 그 무거운 짐을 그와 함께 나눠졌다. 장남으로 병든 아버지와 어머니는 물론이고 할머니까지 모셔야 하는 형편이었다. 대학생, 고등학생 시동생들이 줄줄이 딸려 있었다. 집도 없고 빚만 자꾸 쌓여가는 형편인데도 그의 아내는 사람 하나만을 보고 결혼했다. 새벽에 일을 나가 통행금지에 쫓겨서야 귀가하는 남편을 뒷바라지하면서 밤에도 몇 번씩 일어나 연탄을 갈았다. 그렇게 고생하는 아내가 안쓰러워 소원이 뭐냐고 물었다. 그때 아내가 대답한 말이 "내가 고생하는 건 아무렇지도 않고 특별히 갖고 싶은 것도 없다. 나는 됐고, 대신 십일조를 꼬박꼬박 내면 좋겠다"였다. 그렇게 시작한 기부가 이후 김일섭 원장 부부에게 삶의 일부가 되었다.

기업의 의사가 되겠다는 소년의 꿈

그는 유복한 어린 시절을 보냈다. 아버지가 MBC, TBC의 간부를 역임하고 광고회사까지 창업했다. 그렇게 잘나가던 아버지가 간에 이상이 오면서 주저앉았다. 가세가 계속 기울었다. 그가 대학 다닐 때부터는 거의 빚으로 생활했다. 그가 군대에 갔을 때는 여덟 식구가 한방에서 자다 못해 다락에 올라가서 자는 형편이었다. ROTC 장교로 복무하면서 박봉 절반을 쪼개 살림에 보탰다. 현실이 고단

해도 그는 꿈을 잃지 않았다. 중학교 2학년 때 서울대가 경영학과를 만든다는 신문기사를 보고 맨 처음 마음에 떠올렸던 꿈이었다.

"신문 기사 읽고 기업의 의사가 되고 싶다고 생각했어요. 참 재밌잖아요. 대기업에 들어가는 것도 아니고 창업한다는 것도 아니고, 기업의 의사가 되고 싶다니. 그런데 결국 그게 제 일생을 끌고 가는 하나의 지표가 됐어요. 그래서 제가 젊은이들한테 가끔 강의할 때 꿈이 너무너무 중요하다, 어릴 때 어떤 꿈을 하나 가지면 일생 그것이 너를 끌고 간다는 얘기를 많이 해요."

'기업의 의사'라는 말에 매혹당한 열다섯 살 소년. 그는 자신의 꿈을 이루기 위해 엄청난 노력을 했다. 그는 "나는 타고난 수재가 아니라 공부하면 꼭 그만큼 성적이 나오는 학생이었다"고 했다. 고등학교 3학년 때는 수업 외에 하루 8시간씩 공부했고 방학 때는 하루 15시간씩 공부를 했다. 그리고 자신이 바라던 대로 서울대 경영학과에 입학할 수 있었다.

그 꿈에 따라 제대한 뒤 그는 회계사 시험을 쳤고 회계법인에 들어갔다. 그렇다고 현실이 한순간에 달라진 건 아니었다. 아버지가 앓아누운 뒤 그의 가족은 처음 살던 혜화동을 떠나 수유리에서 서대문으로 그리고 우이동 끝자락 방학동으로 밀려났다. 하루 일을 마치고 막차로 퇴근했다. 집으로 걸어가며 운 적도 있다. 서울 도심 회사 사무실에서 내려다보는 서울의 야경은 아름다웠다. 하지만 쌓여 가는 빚과 그릇 장사까지 하는 어머니를 생각하면 희망이 보이지 않았다. 그는 요즘의 젊은이들이 겪는 외로움을 이해할 수 있다고 했다. 그도 힘들게 청춘을 견뎠다. 그때 그를 도와준 사람들, 그리고 그에게 기회를 준 사회에 보답하려고 그는 지금 기부를 한다.

돈의 윤리

"최근에 양극화가 확산되는 추세예요. 부라는 것의 이전이 크게 두 가지 경로로 이루어지는데 거래와 투자예요. 거래를 통해 우리가 받는 봉급이라든지 기업의 이익이 생겨요. 투자는 부동산, 주식, 채권 등에 투자하는 것인데 자본주의가 발달할수록 큰 부의 이전은 백 퍼센트 투자에 의해서 일어난다고 봐야 될 것 같아요. 애써 땀 흘려 받은 임금이나 이익보다는 이미 소유한 부를 투자할 때 더 큰 돈이 벌린다는 것이지요."

열심히 일해서 돈 버는 사람은 제자리걸음을 하고, 그렇게 일한 사람들이 만들어낸 이익으로 거래하고 투자하는 '금융'이 지나치게 큰 이익을 낼 때 자본주의에 위기가 온다. 단기적인 이익만 추구하는 투기성 자본이 기승을 부리는 것이다. 부의 축적 과정이 투명하지 않고 정당성을 상실할 때 서민들 마음속에 불만이 쌓인다. 양극화가 심화되면 종국에는 우리 사회의 시스템이 붕괴될 수도 있다. 그는 양극화의 문제를 해결하고 시스템의 붕괴를 막기 위해서는 반드시 피드백(되돌려 줌)이 필요하다고 했다. 그 피드백이 바로 기부와 봉사였다. 그는 돈과 일의 본질에 관해서 만큼은 철저한 신념을 가지고 있었다.

"욕심이 잉태하여 죄를 낳고 죄가 장성하여 사망을 낳는다는 성경 말씀이 있는데 저야말로 욕심이 많은 사람이더라고요. 어떤 욕심인가 하니 바로 일 욕심이거든요. 자리 욕심은 없는 편인데 일에는 지독하거든요. 그래서 어떤 자리를 맡으면 남보다 오래 했던 것 같습니다."

그는 회계법인에서 일하면서 자신의 소임이 기업의 의사 역할이라고 믿었다. 사회가 발전하면서 기업의 책무에 대한 그의 철학도 바뀌었다. 예전 같으면 기업의 수익성을 따져서 불필요한 사람을 굳이 고용할 필요가 없다고 여겼는데 지금은 조금 넉넉하게 사람을 쓰는 일이 기업이 사회에 공헌하는 길이고 사람을 위하는 길일 수도 있다고 믿는다. 다른 사람의 도움 없이는 절대로 성공할 수 없는 것이 세상의 이치인 만큼, 자신이 받은 것을 세상에 돌려주는 것이 당연한 소임이자 행복이라고 했다. 그는 이미 기업의 의사를 넘어 '사회의 의사'로서의 길을 가고 있었다.

기부의 동심원이 넓어져간다

오춘길 회원

연탄 한 장의 기억

누구나 평생 잊을 수 없는 은인이 한 명쯤 있다. 어려웠던 시절, 그 사람이 없었다면 지금의 내가 없었을 거라고 곱씹게 되는 사람. 도움을 받던 당시에는 고마움을 표현할 길 없이 그저 주는 대로 받기만 했지만, 세월이 지나고 어느 정도 자기 위치를 다지게 되면 제일 먼저 생각나는 사람이 바로 그때 그 사람이다. 오춘길 대표에게도 그런 사람이 있었다. 고교시절, 그가 자취하던 집 주인 아주머니다.

"마산공고 다닐 때, 저랑 사촌동생이 자취를 했거든요. 시커먼 남자애들 둘이 밥이나 제대로 해 먹었겠습니까. 아주머니가 밥도 해주시고. 배추김치도 없을 때고 그저 무김치나 있는 것 좀 시골서 해 가지고 오면 여름 같은 때는 금세 쉬어빠져서 못 먹을 정도인데 그런 걸 아주머니가 다 정리해주시고 반찬도 가져다주시고. 굉장히 많이 고마웠지요. 연탄도 많이 주셨어요. 그걸 어떻게 기억하냐면 우리가 학교 갔다 오면 연탄 아궁이 불이 다 꺼져 있으니까 종이 몇 장 가져다가 아궁이에 넣는 거죠. 그래봤자 얼마나 따뜻하겠어요. 연탄 살 돈은 당연히 없죠. 그럼 주인 아주머니가 가끔 자기 연탄 가져다가 불도 살려주시고, 이불 한 장 덮고 냉방에 자고 있으면 아주머니가 자기 못 쓰는 이불도 가져다 덮어주면서 밑에 깔아라 덮어라 챙겨주시고. 참…… 더 말하면 제가 눈물이 나올 것 같네요."

그는 가난한 공고생이었다. 여름방학 때는 아이스케이크 장사를 하고, 겨울방학 때는 군밤 장사를 했다. 오춘길 대표는 지금 연 매출 430억 규모의 (주)현대정밀 대표이사가 되었다. 같이 자취하던 사촌 동생은 초등학교 교장선생님을 끝으로 얼마 전 정년퇴직을 했다.

"주인집 아주머니가 우리에게 잘 해주시는 걸 보면서, 아 사람은 남을 도와야 하는 거구나, 나도 저렇게 살아야겠구나. 그런 생각이 뇌리에 박힌 거죠."

실제로 오춘길 대표는 사업을 시작하고 20년 뒤에 사촌동생과 함께 아주머니를 찾아 나선 적이 있다. 하지만 도시개발로 예전 마산 산호동 터는 다 변해버린 뒤여서 그때의 흔적을 찾기는 어려웠다. 그 뒤로도 포기하지 않고 수소문한 끝에 얼마 전 비로소 그 집주인 아주머니의 행방을 찾아냈다. 안타깝게도 그분은 이미 세상을 떠난 뒤였다.

어머니와 아내에게 전수받은 기부와 나눔

인생 초반에 기부의 감수성을 키워준 사람이 자취하던 집주인 아주머니였다면 인생의 중반기에 그에게 기부와 나눔에 눈뜨게 해준 사람은 어머니이다. 아버지가 지병으로 오랫동안 자리보전을 한데다 큰형과 둘째 형까지 일찍 세상을 떠나 오춘길 대표가 조카들에게 울타리가 되어주어야 했다. 그런 부담을 부담으로 여기지 않고, 당연한 도리로 생각하도록 가르친 이가 바로 그의 어머니였다. 그는 어머니 말씀대로 조카 여덟 명을 힘닿는 한 뒷바라지 했다. 그 중 세 명은 오춘길 대표의 회사에서 일하고 있다. 이 모든 과정을 지켜본 오춘길 대표의 어머니는 어느 날 그를 앉혀놓고 이렇게 말했다.

"삼촌으로서 조카들이 그 정도 살 수 있게끔 돌봐줬으면 됐다. 앞으로는 핏줄이 아닌 사람에게도 베푸는 사람이 되어라."

평생을 농사만 짓고 사신 옛날 어른들은 어떻게 그런 공생의 도리를 내면화하게 된 것일까. 어머니 다음으로 그에게 나눔을 권한 사람은 부인이었다.

"제 아내가 신앙생활에 열심입니다. 이전에는 매일 새벽 기도를 다녔습니다. 지금은 건강상 이유로 새벽 기도는 매일 못 하고 대신 낮에 날마다 교회에 가서 기도를 합니다. 그런 아내의 권유로 15년 동안 해외 선교사 세 명에게 작은 돈이나마 지속적으로 부쳐드리고 있고, 개척교회도 지원하고 있어요. 교회에도 어려운 이웃이 많다고 해서 한 교회에서 운영하는 노인대학에 매월 100만 원씩 7년간 지원해왔습니다."

가족, 친지, 직원들, 그리고 사회로

그의 기부와 나눔활동을 살펴보면 한 가지 특징이 있다. 처음에는 가족, 친지를 비롯한 가까운 사람들을 돌봤다. 이어 회사의 직원들, 그리고 가까운 이웃, 그리고 마침내는 지역의 기관들까지 돕기 시작했다. 점점 더 나눔의 동심원이 넓어져온 셈이다.

"제가 사업을 한 지 올해로 32년이 됩니다. 큰 기업은 큰 기업대로, 작은 기업은 작은 기업대로 사업을 해서 창출된 기업의 이윤은 일정 부분 사회에 환원해야 한다는 철학이 생겼어요. 다만 이게 막상 행동을 하려면 어려움이 있습니다. 우선 가족을 포함해서 제 주변에도 굉장히 어려운 사람들이 많거든요. 두 번째는 내가 회사를 가지고 있으니까 직원들이 있지 않습니까. 직원들이 '우리한테는 큰 혜택을 안 주면서 왜 아무 상관없는 사회에만 환원을 하는가' 이런 생각을 할 수 있잖아요?"

오춘길 대표는 주변부터 챙기는 길을 택했다. 현대정밀 직원 50여 명 중 비정규직은 방학 때 일 거들러 오는 대학생 조카 두 명뿐이다. 그는 사람을 자르지 않는다. 최고령 기록은 1990년 말 일흔여섯 살로 퇴사한 사람이다. 그는 "그 사람도 내가 내보낸 게 아니고 힘에 부쳐 못 하겠다고 스스로 나갔다"고 했다. 5년 전부터 직원들 자녀가 대학생이 되면 1년에 600만 원씩, 고등학생이 되면 1년에 200만 원씩 학자금을 지원해주고 있다. 뿐만 아니다. 직원들에게 출산장려금도 주고, 전액은 아니지만 주택구입자금도 지원해준다. 작게는 2000만 원에서 많게는 5000만 원까지 지원해줬다. 그 뒤 사회복지공동모금회와 인연이 닿아 5년간 1억 5천만 원을 기부하기로 약속했다. 아이스케이크 장사하던 고학생이 성공해 아너 소사이어티 회원이 된 것이다.

"제 봉급도 50퍼센트는 사회에 환원을 합니다. 그리고 나머지 50퍼센트 중에서도 일정 부분은 별도로 적립을 하고 있어요. 앞으로 더 큰 계획이 있습니다."

그렇게 모은 돈을 육군사관학교에 기부하는 것이 그의 꿈이다. 그는 군인 출신이다. 고등학교를 졸업한 뒤 육사 시험을 치렀다가 떨어졌다. 건강상의 문제가 있었기 때문이다. 그는 건강을 추슬러 갑종장교시험을 쳤고 13년간 복무한 뒤 육군 소령으로 예편했다. 그는 육사 출신 장교를 사위로 맞았다. 그리고 사위와 의논해 앞으로 육사에 학교발전기금 2억 원을 기부하기로 약속했다.

그렇다고 오춘길 대표가 마냥 너그럽기만 한 사람이라고 오판해서는 안 된다. 그는 깐깐한 사장님이다. 근무시간 중 "청소는 내가 할 테니 당신들은 1분이라도 더 일하라"고 직원들을 닦달한다. 직원들보다 1시간 30분 먼저 나와 현장을 정돈한다. 지각하면 불호령이 떨어진다. "저는 살아오면서 지금까지 45년 동안 한 달도 빠짐없이 저축했습니다. 개인도 저축하고 회사도 저축했지요. 제가 좀 엄격한 편인데 대신 1년만 참고 견디면 평생 같이 갈 수 있게 훈련이 됩니다."

이런 깐깐함이 지금의 오춘길 대표를 있게 했다. "중소기업 했어도 세금 많이 냈습니다. 이렇게 낸 세금으로 나라가 복지를 잘했으면 좋겠어요. 정말 저소득층이나 소외계층한테 실질적인 혜택이 돌아가게요."

오춘길 대표에게는 꿈이 하나 더 있다. 앞으로 5년 안에 20억에서 30억 규모의 장학재단을 만드는 것이다. 자신이 졸업한 고등학교에서 다섯 명, 아내가 졸업한 고등학교 다섯 명, 여기에 회사 직원들 자녀들과 일반인 학생들을 더해 열 명, 총 이십 명을 장학생으로 선발해 매년 장학금을 지급할 계획이다. 그는 “자식들에게도 아버지가 이런 일 할 거라고 이미 다 얘기해뒀다”고 했다.

9장 공존공생, 더 행복한 세상을 위하여

세상을 치료하는 약사

이수근 회원

아내도 신문 보고 알았습니다

이수근 온누리대학약국 대표는 대구 사회복지공동모금회에 근무하는 선배와 만났다가 아너 소사이어티에 대해 처음 들었다. '개인 돈 1억 원을 기부한 사람들의 모임'이라는 말에 "대단하다"고 감탄했다. 그런데 선배의 다음 말이 충격을 줬다.

"글쎄 250만 대구 시민 중에 아너 소사이어티 회원이 아직 한 사람도 없다는 겁니다. 내 주위에도 부자들 많습니다. 참 이상하다 생각하다가, '안 되겠다. 나부터 가입하자'고 결심했습니다. 남에게 의논하면 결심이 흔들릴 것 같아 아내에게도 말 안 하고 가입했습니다. 아내는 나중에 신문 보고 알았습니다."

그는 팔 남매 중 장남으로 태어났다. 생일날 달걀 하나 먹으면 황송하던 시절이었다. 그는 장학생으로 대학을 다녔고 약학 박사학위를 받았다. 그는 인생의 대부분을 대구에서 살았다. 자신의 기부에 무슨 거창한 동기가 있을 거라고 지레짐작하는 사람들에게 그는 아무런 뜻도 없다고 극구 손사래를 친다.

"저는 이렇게 직업을 갖고 건강한 몸, 건강한 마음, 이것만 있으면 먹고사는 데 지장 없잖아요. 그게 고마운 거 아닙니까. 혜택을 받은 거지요. 그 이상이 어디 있습니까. 사람 마음은 다 비슷해서 돈은 만족을 몰라요. 그렇기 때문에 부자들이 기부를 더 못 해요. 그런 점이 아쉽지요."

갑자기 하는 큰 기부나 일회성 행사는 참된 나눔이 되지 못한다는 게 그의 소신이다. "나중에 돈 벌면 기부한다"고 미루지 말고 형편과 여건에 맞게 조금씩 꾸준하게 남을 돕는 문화가 생겨야 한다고 했다.

신명나는 기부문화

"우리 대구는 앞으로 잘될 겁니다. 관심 한번 가져보십시오. 대구 사람들이 뭐 동기부여 내지는 신바람 나면, 신명 나게 해주면 물불 안 가리고 회원가입 할 겁니다. 이게 대구 사람들의 특징 아닙니까."

정말로 춤이라도 출 것처럼 어깨를 들썩이며 이야기를 풀어나가는 이수근 대표의 얼굴에는 넉넉한 웃음이 맴돌았다. 그는 나눔과 봉사의 문화가 자연스럽게 정착되어야 한다고 믿고 있었다. 돈 있는 사람들을 억지로 쥐어짜봐야 형식적이고 겉포장만 요란한 일회성 행사에 그치더라는 얘기였다. 자연스럽게 좋은 것이라는 인식을 심어주고 신명나는 일이라는 것을 알면 자발적으로 제2, 제3의 아너 소사이어티 회원이 대구에서도 나올 수 있을 거라는 믿음이다. 종교적인 신념도 기부를 결심하는 데 도움이 되었다.

"저희 집안은 몇 대째 가톨릭입니다. 가톨릭 정신이 그래요. 자연스럽게 사랑의 정신하에 나눔과 배려를 실천합니다. 늘 감사하는 마음으로 살라는 이야기를 듣지요. 기부 그거 특정인이 하는 게 아니에요. 기부는 김밥 할머니도 할 수가 있는 거고 리어카 끄는 아저씨도 할 수 있습니다. 기부라고 하는 걸 너무 포장해서 어렵게 생각하니까 안 되는 것 아닐까요. 누구나 할 수 있어요. 모자라면 모자라는 대로 할 수 있고 능력되면 능력 되는대로 하는 게 진짜 기부 아닙니까. 한 번에 크게 하는 기부보다 계속 조금씩 하는 기부가 더 소중합니다."

그는 "기부도 연습"이라고 했다. 그 자신도 처음엔 2000원 내고 다음엔 5000원 내다 어느 순간 개인 돈 1억을 내놓을 결심을 했다. 작은 기부가 쌓여서 큰 기부를 이끌어낸 셈이다.

건강한 보수

지금도 그는 아침 7시에 약국 문을 연다. 약국을 처음 시작할 때 가졌던 각오를 잊지 않으려고 마음을 다잡는다. 실수 안 하고 옳게 약을 만들고 환자들을 성실하게 대하려고 노력한다. 기부란 결국 스스로를 돕는 길이라고 그는 말했다. 사회 양극화가 심화되면 극한 상황에 처한 사람들이 늘어나고 사회가 불안정해진다. 그러면 결과적으로 가진 자들도 불안해진다. 그는 성공하려는 욕심 그 자체는 욕할 문제가 아니라고 했다. 다만 충분히 넓은 아파트에 살면서도 더 넓은 곳으로 이사 가고 싶어 하고, 좋은 옷을 입고서도 더 좋은 옷을 탐내고, 좋은 차를 몰면서도 더 좋은 차를 타고 싶어 안달하는 마음이 문제다.

"저는 그런 물질적인 욕심보다는 정신적 가치가 더 중요하다고 생각해요. 저는 진심으로 고무신 신고 다니고 운동화 신고 돌아다녀도 아무렇지도 않거든요."

그는 건강이 유지되는 한 언제까지나 현장에서 현역 약사로 일하고 싶다면서 노력의 대가로 사는 것이 진정한 행복이라고 했다.

그는 땀의 가치를 모르는 사람들을 보면 너무나 안타까운 마음이 든다.

“전 게을러서 가난한 것은 자기가 책임을 져야 한다고 봅니다. 여전히 흥청망청하고 사는 사람도 세상엔 많아요. 제 약국 근처에 실내 경마장이 있는데 그 앞에 날마다 무슨 택시들이 그렇게나 많이 세워져 있는지 모르겠어요. 저는 그런 건 정말 아니라고 생각해요.”

그는 공짜 무서운 줄 알아야 한다고 생각하는 사람이다. 노력하고 열심히 사는 사람은 도와주되 자기 노력이 없는 사람은 노력할 마음을 일깨워줘야 한다고 말한다. 약사. 약을 지어 병든 자의 치유를 돕는 사람. 하지만 단순히 약을 지어 사람을 치유하는 데에 그치지 않고, 기부를 통해 이웃도 치유하고 싶어 하는 사람이 바로 이수근 온누리 대학약국 대표약사였다. 단 그 이웃은 노력하는 사람이라야 한다.

사람이 있어야 사람 사는 동네지요

하성식 회원

역지사지의 실천, 기부

하성식 함안군수는 남이 세상을 바꾸기를 기다리는 대신 스스로가 먼저 변화를 여는 방법을 궁리한 사람이다.

전부터 그가 가장 힘을 쏟은 기부가 바로 장학 사업이었다. 농촌 인구가 자꾸 줄어드는 것을 어떻게 반전시킬지 고민하다가 자연스럽게 장학금 기부에 눈을 돌리게 되었다. 군수인 그에게는 매우 절박한 이유였다.

"지금 함안 인구가 7만인데, 경남에서는 제일 많지만, 인구가 자꾸 줄거든요. 인구를 늘리려면 첫째는 기업이 들어와야 되고, 둘째는 학교 교육을 정상화해야 해요. 일자리가 있어도 애들 교육이 안 되면 안 들어오거든요."

처음에 그는 장학 사업을 벌이자고 몇 번이나 동창회에 건의하고 군에도 건의했다. 하지만 결과는 신통치 않았다. 그래서 그가 먼저 솔선수범하기로 마음을 먹었다. 매년 학교에 3억에서 4억 원 가량의 장학금을 기탁하고 결과가 어떻게 바뀌는지 지켜보기로 했다. 하 군수로서는 애타는 마음이었을 것이다.

하 군수의 염원이 하늘에 닿은 것일까. 다행히 3년 만에 군내 학교가 좋은 성적을 내고 그가 마련한 장학제도를 믿고 함안군으로 이사 오는 학부모도 늘어났다. 그는 군수에 출마하면서 자신의 월급은 복지 사각지대에 쓰겠다는 공약도 제시했다. 그는 군수가 되자마자 거의 모든 권한을 실무자급으로 내려보내 일을 능률적으로 처리하게 하고 공무원의 책임과 의무를 확실하게 하는 방법을 선택했다.

너희 집 쌀독 비었나 보자

원래 그의 집은 몇 대에 걸쳐 마산에서 사업을 해왔다. 조부는 일본에서 사업을 했다. 해방이 되자 아버지가 이를 이어받아 다시 한국에서 사업을 했다. 그와 형제들이 뒤를 이었다. 그는 의령에서 태어나 마산에서 학교를 다니고 대학은 서울에서 나왔다. 자수성가한 사업가가 아니라 물려받은 유산을 잘 경영해 더 크게 키운 기업인이다. 그 자신은 부족한 것 없이 자랐지만 아버지가 어렵게 공부하는 아이들을 도와주는 모습을 보고 자신도 당연히 그렇게 해야 하는 것으로 알고 살았다.

"지금이야 월급 받으면 통장으로 들어가잖아요. 옛날에는 봉투로 들어갔어요. 그 봉투를 집에까지 잘 가지고 가는 사람이 있지만 중간에 사라지는 사람도 많거든요. 어려서 어머니가 월급을 제대로 집에 가져가지 않을 것 같은 직원이 있으면 직접 집에까지 찾아가서 쌀독 열어보고 쌀이 들어 있으면 안심하고 돌아오시곤 했어요. 쌀독에 쌀이 없으면 채워주시고, 그 집 사람들에게 '오늘 쌀 채워준 대신 다음 월급날 되면 부부가 같이 와서 받아가라'고 하셨어요."

지금도 여든이 넘은 주민들이 그에게 "쌀독에 쌀 없어서 야단맞았다"며 옛날 얘기를 꺼내곤 한다. 부모님을 보면서 그는 직원들 복지와 주변 사람들 살림살이에 신경 쓰는 마음가짐을 저절로 익혔다.

베푸는 사람이 가장 행복하다

"베풀면 베푸는 그 사람이 제일 행복해요. 받는 사람들은 모르겠지만요. 기부하는 사람이 제일 욕심쟁이인지도 몰라요."

그는 천 원을 기부하는 행복과 1억 원을 기부하는 행복의 크기를 비교하지 않았다. 기부의 크기는 달라도 행복의 질은 같다는 것이다. 그의 아내는 한 달에 3만 원씩 다섯 명을 도와주고 있다. 겉으로 드러난 고액 기부보다 오히려 아내의 기부가 낫다는 것이다.

"내가 도와줄 수 있는 사람이 있고 내가 뭔가 할 수 있다는 건 그 자체가 기쁨이에요. 한자를 써보면 그 안에 뜻이 다 들어 있어요. 예를 들어서 미술이란 뭐냐, 아름다울 미(美)잖아요. 아름다움을 표시하는 기술이 미술이지요. 음악은 무엇입니까. 소리 음(音)에 즐길 락(樂) 자죠. 소리를 가지고 즐기는 게 음악이에요. 기부(寄附)를 한자로 딱 써보면 갓머리(宀) 밑에 기(奇)자가 들어 있어요. 울타리가 되어준다는 의미지요."

맡길 기(寄), 기댈 부(附). 돈이나 물건 따위를 대가 없이 맡겨서 다른 사람들이 기대게 하는 행위. 다른 사람의 울타리가 되어준다는 것. 길게 못 도와줄 것 같으면 처음부터 나서지 말라고 그의 어머니는 가르쳤다. 그만큼 책임감을 가지라는 뜻이다. 그가 형제들과 함께 만든 장학재단은 '바를 정(正)' 자에 '계곡 곡(谷)' 자를 쓴다. 자신이 의령군 정곡면 출신이라는 뜻도 있지만 그의 인생철학도 그 한자 안에 녹아 있다. 그리고 그는 장학재단에 돈만 낼 뿐 개입은 전혀 하지 않을 작정이다.

그는 인생의 최고 목표를 묻는 질문에 '역지사지(易地思之)'라고 대답했다. 모든 문제를 상대방의 입장에서 생각하면 인간 사회에 안 풀릴 문제가 없다. 상대방의 마음을 편안하게 해주면 자신도 행복해질 수 있다. 그걸 실천하기 위해 아너 소사이어티 회원이 됐다.

“기업은 고객과 역지사지하고 가정에서는 아버지와 어머니가 역지사지하고, 부모와 자식이 역지사지해야 합니다. 그렇게 서로가 서로를 이해하는 마음을 가지면 우리 삶이 훨씬 나아지겠지요.”

생명을 살리는 돈의 가치

이재준 회원

낙숫물이 모여 바위를 뚫는다

이재준 원장의 삶은 2009년을 기점으로 달라졌다. 그 전에도 기부활동을 열심히 해왔다고 생각했지만 2009년 7월부터 2010년 7월까지 미국에 교환교수로 갔다가 자신이 해온 기부를 돌아보게 되었다. 그전까지 그는 비정기적으로 독거노인이나 결식아동을 돕거나 장학금을 줬다. 하지만 지속적으로 돕기보다는 한 번 돕고 그치는 경우가 많았다. 그는 귀국 후, 인터넷과 신문을 뒤져 여러 기부단체를 찾은 끝에 사회복지공동모금회의 아너 소사이어티 회원에 가입했다.

자랄 때 늘 넉넉하지는 않았다. 그는 단국대 치대를 졸업하고 청주에서 개업했다. 그는 자신이 뿌리 내리고 산 청주의 지역사회에 자신이 받은 혜택을 돌려주기 위해 기부를 시작했다. 특히 돈 없어서 치료를 못 받는 아이들과 난치병, 희귀병을 앓는 아이들을 돕기로 정했다. 본래 자신의 꿈은 몸을 고치는 의사였는데 살다보니 이를 고치는 치과의사가 됐다는 아쉬움을 달래는 의미가 있다.

"글쎄요, 병원을 하면서 그런 게 있어요. 나도 남한테 도움이 되는 사람이었으면 좋겠다는. 직업이 갖는 진정한 의미는, 돈을 벌고 자아성취를 하는 데도 있겠지만, 남에게 도움이 되는 게 진정한 직업의 가치다, 그런 얘기를 듣고 마음이 크게 움직였거든요."

그는 꼭 직접 병을 고쳐주지 않더라도 기부를 통해서 돈이 없어 치료를 못 받는 사람을 돕는 것도 의사로서 할 수 있는 일이라는 생각에 고액 기부를 결정했다. 아내가 쌍둥이를 출산했는데 아이들이 저체중이라 이런저런 걱정이 많았던 것도 영향을 미쳤다. 전에는 잘 보이지 않던, 돈 없어 적절한 치료를 받지 못하는 아이들이 아빠가 된 그의 눈에 새롭게 들어왔다. 한꺼번에 목돈 1억을 내는 일이었다면 힘들었겠지만 매달 200만 원씩 내기로 결정하니 그렇게 큰 부담은 느끼지 않았다면서 쑥스러운 듯 미소를 지었다.

생명의 가치를 아는 사람

에밀 시오랑이라는 작가는 이렇게 쓴 적이 있다. "나는 냉엄하고 오만한 현자보다는 좌절하고 절망하고 사랑으로 불행한 사람을 더 존중한다." 인간이라면 누구나 고통에서 자유롭지 못하다. 그래서 역설적으로 다른 이의 고통에도 눈을 돌릴 수 있다. 연약한 사람끼리 의지하고 살라는 의미에서 신이 고통을 줬는지도 모른다. 치과의사로서 늘 환자의 고통과 대면해야 하는 그는 타인의 고통에 민감한 편이다. 세간에는 치과의사가 환자를 돈벌이 수단으로 여긴다고 흉보는 사람이 많다. 하지만 그가 보기에 그런 사람은 소수다. 자신의 진료시간까지 빼가며 봉사하는 사람이 뜻밖에 많고, 그런 이들을 볼 때마다 자신은 돈으로 대신하는 것 같아 부끄럽다는 것이다. 그는 자신은 유달리 박애정신이 강한 현자가 아니라 보통 사람으로 살다가 개원해서 열심히 돈을 벌다보니 주위가 보이기 시작해 조금씩 기부하다 때가 되어 그걸 조금 더 늘린 사람에 불과하다고 했다. 보건소에 근무할 때 이를 치료해준 동네 할머니들이 비닐봉지에 고구마도 주고 음료수도 건네주던 기억이 마음속에 따뜻하게 깃들어 있다. 사람 사는 세상에서 기쁨을 주는 건 거창한 물질이 아니라 소소한 정표인 경우가 많다. 그게 관계다. 그가 기부를 하는 밑바탕에는 자신이 느꼈던 소박한 기쁨을 다시 다른 사람에게 느끼게 해주고 싶은 마음이 깔려 있었다.

중산층의 건강한 기부문화를 꿈꾸며

지금까지 그는 두 번 미국에 다녀왔다. 그때마다 그들의 기부문화가 부러웠다. 어릴 때부터 교육을 받고 자연스럽게 몸에 배어 있어 꼭 워런 버핏이나 빌 게이츠 같은 부자가 아니라도 평범한 사람들이 누구나 스스럼없이 기부할 수 있는 문화에 감탄했다. 우리 사회에는 돈 벌고 싶다는 욕망과 돈 번 사람은 나쁜 사람이라는 인식이 불협화음을 내고 있다. 기부를 보고 배운 경험이 있어 마음은 있어도 때로는 쑥스럽고 때로는 주제넘은 것 같아 슬그머니 도로 지갑을 닫는 사람이 많다. 그는 자신처럼 평범한 사람들이 조금씩 하는 기부가 갑부들의 기부보다 낫지 않을까 생각한다고 했다. 어려서부터 어떻게 돈을 버는 것이 바람직하고 어떻게 돈을 쓰는 것이 가치 있는지 구체적으로 교육을 받고 더불어 기부에 대해서도 배울 수 있다면 얼마나 좋을까 하고 그는 가끔 생각한다. 우리나라 사람들이 정에 약하고 남 돕는 일에 부정적인 편이 아닌데도 그런 교육이 없다면, 안타까운 일이 아닐까.

돈이 전적으로 한 사람의 인생을 바꿔놓을 수는 없지만 타인을 기쁘게 해줄 수 있다고 했다. 어려운 고비를 넘는 사람에게 잠깐

숨 고를 여유를 줄 수 있다. 누군가가 인생에서 가장 힘든 시기를 지날 때 한숨 돌릴 수 있게 해주는 귀한 선물이 될 수 있다. 그는 가끔 병원 직원들이 돈을 모아서 자신에게 비싼 생일선물을 해줄 때 실은 마음이 불편하고 부담스러웠다고 했다. 진솔한 마음이 담긴 편지 한 장이면 족한데 직원들에게 괜한 부담을 지우는 것이 싫은 것이다. 정작 자신은 생판 남들을 위해 1억이라는 큰돈을 냈으면서도 말이다.

돈이 많은 것을 누리게 해주지만 2, 30만 원을 쪼개 쓰던 대학생 시절이 그렇게 불행하지만은 않았다. 오히려 돈을 번 뒤 자신을 망가뜨리는 사람을 더 많이 봤다. 많을수록 좋을 것 같지만 너무 많으면 도리어 몸도 마음도 피폐해져 행복감이 떨어지게 하는 게 돈이다.

"제 아내는 그렇게 얘기해요. 당신 이름으로 된 기념관 하나 짓겠다는 마음으로 돈 벌고 기부하라고. 당신이 죽고 없을 때 자식들한테 돈을 남길 생각하지 말고 이름을 남길 생각을 하라고. 솔직히 제 이름 들어간 기념관까지 짓고 싶은 건 아니고요, 그저 주위에 저를 알았던 분들로부터 '이재준은 세상에 태어나서 소비만 하다 죽은 사람은 아니었다'는 얘기를 듣고 싶어요. 흔히 누구는 어떤 차를 몰고 몇 평짜리 집에 산다, 이런 얘기를 많이 하지요? 우리 모두 소비로 남을 평가하는 사회에 살고 있다고들 하지만 저는 오히려 소비만 하다 죽은 건 아니라는 평가를 받는 게 목표입니다."

남을 위해 눈물 흘릴 때
자신도 행복하답니다

홍명보 회원

끝없는 인생의 도전에서 얻은 보석

한국인 중에는 축구를 좋아하는 사람도 있고 그렇지 않은 사람도 있다. 하지만 홍명보 감독을 좋아하지 않는 사람은 없다. 그는 2002년 월드컵 영웅이자 스포츠 스타 최초의 아너 소사이어티 회원이다. 그는 언제 기부에 눈뜨게 됐을까?

"97년에 일본으로 이적할 때 일본에서 포항구단에 이적금을 꽤 많이 줬어요. 그게 포항구단 돈인데 저한테 한 5천만 원 정도를 격려금 차원에서 줬어요. 그래서 그 돈을 제가 포항구단에 위임했어요. '이 돈으로 불우한 환경에서 운동하는 포항 지역 아이들 도와주세요' 하고요. 그게 첫 기부였어요."

2002년 월드컵 때 그는 스페인과의 8강전에서 마지막 페널티킥 주자로 골대 앞에 섰다. 대부분의 국민들은 어떤 믿음 같은 것을 가지고 있었다. 어쩐지 홍명보는 꼭 그 골을 성공시킬 것 같았다. 그리고 그는 실제로 골을 넣었다. 그는 "월드컵이 제 인생에 커다란 전기가 됐다"고 했다. 전부터 기부를 했지만 거리를 메운 군중이 그의 이름을 연호하는 걸 보니 "이제 뭘 하든 나 하나만 생각하고 살면 안 되겠구나" 생각했다고 한다.

그는 외국인 선수로는 최초로 J리그에서 주장을 맡았다. 성적에 따라 언제라도 축구를 그만둘 수 있는 용병선수 신분으로 오히려 팀 전체를 다독거리는 맏형 역할을 해낸 것이다. 그는 말이 아니라 마음으로 소통해야 한다고 했다. 물론 그도 스트레스를 받았다.

"저 같은 경우는 첫해 가서 6개월 동안 말도 통하지 않고 축구 스타일도 달라 고생을 했죠. 그 다음 해 '가시와 레이솔'로 이적을 하고 나아졌어요. 그때까지 저는 세 번 월드컵에 출전했는데 '내가 이만큼 큰 대회 나가봤다'는 식으로 티내지 않았어요. 팀에서 저를 성실하고 겸손하게 본 거 같아요. 항상 코치나 감독님 존중하고. 말도 좀 서툴고 해서 주장 맡는 걸 사양했는데도 소용없더라고요. 그래서 승낙을 했어요. 그때가 2000년도였어요."

2002년 월드컵이 끝났을 때 그는 서른다섯이었다. 앞으로의 인생에서 무엇이 중요한지에 대해서도 진지하게 생각했다. 그리고 내린 결정은 새로운 세상에 대한 도전이었다. 가족들과 좀 더 여유 있는 시간을 갖고 싶었고 자신의 미래를 고려해 영어권의 나라로 가서 축구를 해야겠다고 결정했다.

가족이라는 울타리

미국 생활은 일본 생활보다도 더 힘들었다. 언어도, 먹는 것도, 이동하는 것까지도 너무나 달랐다. 열여덟 살짜리 어린 선수가 와서 친근하게 홍 감독의 뒤통수를 만질 때는 당황스럽기까지 했다. 너무나 다른 문화 때문에 힘들었지만 주말에 경기가 없으면 가족과 함께 공원에 나가 산책할 수 있다는 점 하나만큼은 무척 좋았다. 미국 생활을 통해 그가 배운 것이 있다면 봉사와 기부가 일상화된 미국 선수들의 태도였다. 한국에서는 팬을 위해서 하는 서비스가 사인회 정도다. 미국에서는 선수들이 장거리 원정경기를 마치고 피곤한 상태에서도 자기가 할 수 있는 봉사활동을 하고 구단 차원에서 그것을 도왔다. 어디 가서 사진 찍고 마는 수준이 아니라 진짜로 몸으로 봉사하는 모습에 그는 감동받았다.

그전까지는 막연히 남을 도와야겠다는 생각은 있었지만 그때 비로소 어떤 일을 해야 할지에 대한 구체적인 그림이 그려지기 시작했다. 그는 재단을 만들고 미국에서 경험했던 것을 토대로 2003년 처음으로 자선경기를 열었다.

"실질적으로 재능기부죠. 축구를 통해서 기부를 하는 거나 마찬가지고요. 제가 갑부들만큼 돈이 많은 건 아니기 때문에 제 나름대로 저만이 할 수 있는 일을 찾다가 자선경기를 생각하게 된 거였어요."

국내 기업에게 자선축구 스폰서가 되라는 제안은 생뚱맞게 들렸다. '홍명보 선수가 하는 일이라고요? 와서 커피나 한 잔 하시고 가시죠' 하는 기업이 대부분이었다. 그는 CF모델료로 받은 3억을 털어 첫 자선경기를 시작했다. 선수들의 마음을 움직이는 게 가장 중요하다고 생각하고 한 사람 한 사람을 설득한 결과 이제는 선수들이 자신들의 사례금을 사양하고 기부하는 수준까지 왔다. 그는 사실 내성적인 편이라 남에게 넉살 좋게 뭘 잘 부탁하는 재주가 없다. 그 대신, 자신이 도울 수 있는 사람들의 모습을 머릿속에 떠올리고, 차분하게 행동으로 자기 진심을 보여주는 방법을 안다.

그의 부모는 그가 어릴 때 아들 먹을 것만 챙겨주지 않고 축구부원 전체를 꼭 챙겨줬다. 그가 지금의 자신을 만든 사람으로 부모님을 꼽는 것은 그 때문이다. 나눔 인생의 또 다른 동반자가 그의 아내다. 아내는 그가 장학재단을 세우고 자선경기를 열고 아너 소사이어티 회원이 될 때 한 번도 "하지 말라" 소리를 한 적이 없다. 더 벌어서 더 기부하라는 소리는 했다.

눈물 흘릴 수 있어 행복하다

도움을 받는 사람도 그것을 지켜보는 사람도 행복하고 상처받지 않는 것이 가장 중요하다는 것이 그의 기부철학이다. 그는 가장 오래도록 강렬하게 기억에 남는 일로 암에 걸려 생명이 위태롭던 아이가 치료비를 지원 받은 뒤 1년 만에 나아서 이듬해 추운 겨울날 자선축구대회에서 시축하던 일을 떠올렸다. 그날 그는 행복해서 울었다.

"아이가 걸어 나와서 공을 차는 모습에 가슴 벅찼어요. 늘 병실에만 있다가 그 추운 날 운동장에 나와서 공을 차는데 그 아이의 행복한 마음이 제게 전해져 오더라고요."

그는 자기 일로는 울지 않지만 남의 일로는 운다. 2002년 월드컵 직전 부상 때문에 온갖 구설수에 시달리던 시기가 있었다. 남들에게는 한마디의 변명도 없이 묵묵히 재활에만 전념했다. 그때는 안 울었지만 어렵고 힘든 사람 앞에서는 금방 눈물이 그렁그렁해진다.

그는 스타지만 아이들에겐 "우리 아빠 짜다"는 소리를 자주 듣는다. 남에겐 큰돈을, 때로는 생명을 선물하면서 자기 아이들이 장난감 사달라고 하면 "5만 원짜리 이하로 골라"라고 말하기 때문이다. 그는 "내 아이들이 가지고 싶을 때 못 가지는 마음이 어떤 건지 알았으면 좋겠다"고 말했다. 그는 가끔 강남 한복판 판자촌으로 아이들을 데려가 "어렵게 사는 분들이 있다는 걸 잊지 말라"고 한다. 그도 젊은 시절 남들처럼 자신을 위해 소비해봤다. 그땐 소비하는 즐거움이 오래 가지 않았는데 남을 위해 돈을 쓰니 기쁨이 오래 가더라고 했다. 자신의 재능이나 능력만을 믿고 자만하던 선수가 나이 들어서는 오히려 이름도 없이 사라지는 경우가 많다. 타인에 대한 배려나 성실성 그리고 자신이 속한 팀에 대한 이해가 부족하기 때문이다.

인생의 구경꾼이 되지 말고 좋은 영향을 주는 사람이 되어라

송경애 회원

아이에게도 배워야 할 것이 있으면 배웁니다

송경애 SM C&C 대표는 만으로 쉰 살이 되던 해 결혼 20주년을 맞았다. 그녀는 자신을 위해 뭔가 마련하는 대신 1억을 기부하고 아너 소사이어티 회원이 되었다. 쉰이 되면 뭔가 특별한 일을 해보자고 마흔에 남편과 약속했던 일을 지킨 것이다.

"제가 우리 아들한테도 배워요. 오늘 점심 먹으러 가는데, 광고지 같은 걸 나눠주는 거예요. 저는 안 받았거든요. 그런데 우리 애가 '엄마, 사람이 뭘 나눠주는데, 피하고 안 받으시면 어떡해요' 하는 거예요. 애가 어떻게 하나 봤더니 '아, 감사합니다' 이러면서 받는 거예요. 그래서 제가 '아, 네가 엄마보다 백 배 낫다' 그랬어요."

송경애 대표는 어려서부터 남이 아프면 그 느낌이 어떤 것일지 자기 것처럼 생생하게 느꼈다. 학교 앞에서 추위에 떨며 껌 파는 사람을 보고 호주머니를 털어 껌 통의 껌을 통째로 다 사곤 했다. 안 그러면 그 사람이 자꾸 생각나, 가다가도 뒤돌아보고 결국은 되돌아오게 됐다. 대학 시절 아르바이트해서 모은 돈 1000만 원을 곤궁한 친구에게 선뜻 빌려 준 적이 있다. 이민 갔던 그 친구가 27년 만에 찾아와 돈을 갚았다. 송경애 대표는 그 돈을 전부 5만 원짜리 새 돈으로 바꿔 직원들에게 나눠줬다. 전혀 받을 생각 없이 빌려 준 돈이 돌아와서 그걸 아무 데나 쓰기 아까워 뭔가 좋은 일을 하고 싶었다고 했다.

"아깝지 않았어요. 저는 인생을 사는데 그렇게 큰돈이 필요하다고 생각을 안 하는 편이에요. 하루에 세끼 먹지 네 끼 먹을 수도 없는 거고. 돈을 많이 쓸 데가 있나요? 별로 많지 않아요. 그래서 생기면 나누어 주고 나누어 주면 그것보다 늘 더 크게 채워져 있고……."

그녀는 "내가 무작정 검박한 사람이라곤 보지 말라"고 했다. 때로는 비싼 와인을 사서 기분을 내기도 하고 오페라도 보러간다. 다만 쓸데없는 돈을 쓰지 않는다는 것이 그녀의 확고부동한 철학이었다. 그녀는 부유한 가정에서 자랐다. 부모님은 엄격했다.

"미국에서 중고등학교를 나오고 대학은 한국에서 나왔어요. 부모님은 용돈을 별로 안 주셨어요. 중학교 때 점심 급식비가 5달러예요. 49달러 99센트짜리 귀걸이가 갖고 싶었는데 그런 게 학생에게 왜 필요하냐고 안 사주시는 거예요. 그래서 귀걸이 사려고 아르바이트를 했어요. 피자가게에서 페퍼로니를 잘랐죠. 그때 질려서 난 지금도 피자를 안 먹어요."

딸에겐 귀걸이를 안 사 주는 부모님이 어려운 사람에게는 귀걸이보다 훨씬 큰돈을 서슴없이 내줬다. 생활비도 보태주고 학비도 대주었다. 자신의 부모님에게 감사하는 사람들을 보며 자신도 부모님처럼 해야 되겠다고 생각했다. 최근 아들이 힘들게 번역 일을 해서 번 돈을 기부하겠다고 했다며 송경애 대표는 흐뭇해 했다. 그녀도 아이들에게 엄격하다. 아이들이 500달러짜리 명품 청바지를 사달라고 조른 적이 있다. 그녀는 단칼에 잘랐다. "벌어서 사라." 아이들은 한국에서 이민 가방 한가득 컵라면을 사다가 미국 기숙학교에서 밤참으로 팔았다. 그 돈으로 500달러를 모으는데 성공했지만, 애써 번 돈이라 도저히 아까워서 청바지는 못 사고, 결국 고민 끝에 엄마처럼 기부를 했다. 그 엄마에 그 아들이다.

항상 감사하라

유복하게 자랐지만 시집가서 편하게 살라는 부모 말씀을 어기고 자기 힘으로 사업을 시작했다. 단돈 250만 원으로 시작한 사업이 지금은 국내 최대 기업체 전문 여행사가 됐다. 그녀는 감사의 마음을 늘 세상에 돌려주었다. 그녀는 자신을 믿고 시민권까지 포기하고 한국으로 와준 남편과 자신에게 늘 기쁨을 주는 아이들에게도 감사했다. 엄격하셨지만 돌이켜보면 늘 자신이 인정받고 싶어 했던 아버지에 대해서도 마음 깊이 감사했다. 대학 시절 또래 친구들이 부모에게 용돈을 타서 옷 사고 커피 마시며 결혼에 대해 얘기할 때 그녀는 다른 큰 뜻을 품고 그것을 이루기 위해 노력해왔다.

"저는 어릴 때부터 제 나름대로의 세계가 있었어요. 초등학교 때 제가 표가 더 많이 나왔는데도 여자라는 이유로 전교 부회장하고, 남자애는 회장하더라고요. 그래서 교장선생님한테 가서 이런 일은 옳지 않다고 또박또박 항의했던 기억이 나요. 저는 공평한 게 좋아요."

교도소에서 온 편지

기부한 얘기가 조금씩 알려지면서 언론을 탔다. 송 대표에 대한 기사가 나간 뒤 한 번은 형기가 17년이나 남은 교도소 수감자로부터 공부가 하고 싶은데 책을 보내줄 수 있느냐는 편지가 왔다. 생전 본 적도 없는 사람이 교도소에서 이런 편지를 보내왔다면 어지간히 좋은 뜻을 가지고 있는 사람이라도 황급히 그 편지를 버렸을지도 모른다. 그녀의 주변 사람 반응도 이와 다르지 않았는데, 그들이 다 말렸는데도 그녀는 기꺼이 초등학교 책을 구해서 보내주었다. 그 사람이 초등학교 과정을 마치자 다시 그 다음 단계 책을 보내주었다. 순수함과 모험심을 동시에 지닌 사람이라고 할까. 송경애 대표는 자식들에게 교육은 끝까지 시켜주지만 기업은 물려주지 않겠다고 일찌감치 말했다. 인생은 자신이 개척할 때 빛나는 것이라고 믿기 때문이다. 자식에게 돈이 아니라 돈의 가치를 스스로 깨우칠 수 있는 경험을 주는 것이야말로 자식에게 물려줄 최고의 재산이라는 것이다. 그녀는 바쁘게 살았다. 사업 시작하고 25년간 편안히 휴가를 즐긴 기억이 없다. 한때 사업을 잠깐 쉴까 생각해봤지만 나눔을 통해 일의 의미를 새롭게 찾을 수 있었다. '내가 일해서 번 돈으로 나 하나 뿐 아니라 많은 사람이 행복해진다'고 생각하자 의욕이 솟았다.

세상에 진 빚을 조금 갚는다는 마음으로

한동호 회원

마음의 청량제

부산의 괘법동에서 치과를 운영하는 한동호 원장은 장애인들이 돈이 없어 전동휠체어를 구입하지 못하고 있다는 신문기사를 보고 기부를 실천하기 시작했다. 물론 그 전에도 꾸준히 어린이재단과 환경운동연합에 적지 않은 액수의 후원금을 냈지만 장애인을 도울 때만큼 피부로 와 닿는 보람을 느끼지는 못했다. 이후 그는 매년 거르지 않고 동사무소에 2천만 원 이상의 돈을 지정 기탁해오고 있다. 그는 기부하는 기쁨은 상큼한 청량제 같다면서 심지어 중독성까지 있다고 했다.

그는 겸손해 하지만 사실 그의 기부가 남다른 이유는 그가 매일 그날의 수입에서 꼬박꼬박 5만 원씩을 떼서 저금하는 형식으로 1억 원을 기부했기 때문이다. 처음에 그는 아너 소사이어티에 대한 기사를 보고 깜짝 놀랐다. 오래전부터 그의 아내와 함께 큰돈을 기부해서 뜻있는 곳에 써보자고 의논은 해왔지만 막상 1억이라는 큰돈을 기부하기는 쉽지 않았다. 자신은 쉬운 일이 아니라고 생각했는데 남들은 이미 그 어려운 일을 실천하고 있다는 사실에 큰 자극을 받았다. 그는 한꺼번에 1억을 내는 대신 매일매일 모아서 5년 걸려 내는 것은 가능하겠다고 생각했다. 그는 혹시라도 마음이 흔들릴까 봐 얼른 사회복지공동모금회에 전화를 걸었다.

그의 아내도 몇 해 전 아버지가 별세했을 때 부의금을 모아 해양대에 기부를 한 경험이 있다. 아내는 그가 아너 소사이어티 회원에 가입하는 것에 찬성했다. 다만 자기 형제 육 남매도 모두 넉넉하게 사는 것은 아닌데 생판 남을 위해 1억 원을 내도 될 지 고민이었다. 하지만 같은 만 원이라도 기부를 해서 자신과 자신의 형제들보다도 더 어려운 사람들에게 쓰인다면 가치 있는 일이라는 생각이 들었다.

그 아버지에 그 아들

그가 기부를 하는 것은 자신도 돈 없는 설움을 직접 겪어봤기 때문이다. 밥을 굶고 옷을 못 입는 정도는 아니었다. 그래도 육사 나온 아버지가 사업을 하다 망한 뒤 어머니가 보험 일로 빠듯하게 살림을 꾸렸다.

"중학교 다닐 때 한 번은 체육복을 사야 됐거든요. 체육복 살 돈이 없는데 어머니가 편지를 써주면서 외삼촌한테 얻어오라고 하는 거예요. 그런데 저는 죽어도 가기가 싫더라고요. 학교 다닐 때 집안 형편이 상당히 어려웠어요."

등록금을 내면, 내는 그날로 다음 등록금을 걱정하는 어머니를 보면서 그는 어머니께 걱정 안 끼치는 사람이 되고 싶다고 결심했다. 서울 중구 쌍림동의 번듯한 2층 양옥집에 살다가 아버지 사업이 망했다. 그는 그때 중학교 1학년이었다. 별안간 구멍가게 딸린 방에 온 가족이 북적대는 형편이 되니 박탈감이 클 수밖에 없었다. 다행히 은행에 취업한 누나들이 공부 잘하는 동생을 도와줘서 대학에는 들어갔다. 하지만 학기마다 치대 학비를 마련하는 일이 그렇게 녹록한 일은 아니었다.

"등록금이 전국에서 제일 비쌌어요. 예과 끝나고 본과 때부터는 장학금을 받았죠. 그때는 예과 끝나고 담임반이라는 게 있었어요.

교수 한 명에 학생 일고여덟 명인데 제가 더는 학교 못 다니겠습니다 했더니 교수님이 80점만 넘으면 당신이 무슨 수를 써서라도 장학금을 줄 테니까 무조건 해라. 그 말씀에 힘을 얻어 기를 쓰고 공부했어요. 본과 4학년 때부터 과외도 하고, 학원 선생도 하고. 친구가 속초 가서 명란젓 떼어 오면 동기들한테 팔아서 학비를 벌고 했지요."

어렵게 공중보건의를 마치고 그는 통영으로 갔다. 친구 아버지가 운영하는 병원에 근무했다. 그 뒤 고향이 부산인 아내를 만나 자연스럽게 부산에서 개업을 하고 지금까지 30년 가까이 치과를 운영해왔다. 다행히 부산에서 개업을 하고 난 이후로는 별다른 어려움 없이 평탄하게 살아왔다. 그게 고마워서 기부를 시작했다. 삼사십대에는 자신이 잘 나서 성공한 줄 알았다. 쉰이 넘어서니 자신은 주변 사람들이 도와준 덕분에 큰 걱정 없이 살고 있다는 깨달음이 불현듯 왔다. 그는 "사람들이 요즘 세상이 절망적이라지만 나는 그렇게 보지 않는다"고 했다. 자기가 쉰이 넘어 깨달을 걸 일찍부터 알고 있는 젊은이들이 많더라는 얘기다. 그는 우리나라의 젊은이들이 구호활동에 적극적으로 참여하고 자신의 두 아들이 빠듯한 월급에서 10퍼센트를 기부하고 있는 모습이 대견하다고 했다.

세상에 진 빚을 조금 갚는다는 마음으로

큰돈을 기부하고 나서도 심경의 변화는 크게 없었다. 다만 잘했다는 생각이 드는 것은, 자기최면에 걸린 것처럼 매일 5만 원씩 돈을 따로 떼서 모으는 재미가 쏠쏠하다는 것이다. 매일매일 기부하는 마음으로 사니 그는 하루하루가 기분 좋고 즐겁다. 삶이 크게 바뀐 것은 없지만 스스로 느끼는 만족감만으로 충분하다는 것이다.

"나도 살면서 인간다운 짓을 하는구나 그런 마음이 들면 스스로 대견한 것도 있고. 이걸 누구한테 자랑하려고 하는 것도 아니고 순전히 나를 위한, 내 기쁨이니까. 또 종교를 믿어서 하는 그런 것도 아니니까요."

그는 세상에 진 빚을 조금 갚는다는 마음으로 기부를 한다고 했다. 함께 대학을 다닌 동기들 중에 공대를 간 친구들이 중동에 가서 고생하며 외화를 벌 때 자신은 국내에서 편하게 대접 받아가며 돈을 번 것 같아 미안한 마음이 들 때가 많다고 했다. 베트남 참전 군인이나 민주화에 앞장섰던 사람들의 공도 인정해줘야 한다고 말한다. 그들 덕분에 우리가 걱정 없이 편안하게 살 수 있는 여건이 마련됐다는 것이다. 그런 그도 한참 젊었을 때 아파트 앞에 탁 하고 신문 떨어지는 소리가 들릴 때 집에 들어갈 만큼 신나게 놀아도 봤다. 하지만 그런 즐거움은 한때에 지나지 않았다. 하지만 지난 10년간 기부를 하면서 자신이 느낀 기분은 너무나 달랐다. 그는 "기부하는 기쁨처럼 상쾌한 기분이 달리 없다"면서 그 기분을 계속해서 느끼고 싶어 앞으로 기부하며 살겠다고 했다.

슈퍼맨이 따로 있는 게 아니라 한동호 원장처럼 매일 5만 원을 남을 위해 떼어놓는 사람이 진정한 영웅인지 모른다. 성실하게 살아왔는데도 끝이 별로 좋지 못해 고생하는 친구들이 있다. 그에 비하면 자신은 정말이지 운이 좋다면서 그는 쑥스럽게 웃었다. 그러니 그 빚을 갚으려고 나눈다는 얘기였다.

유수복 회원 + 아너 소사이어티 14호 + 대양종합건설 대표
박순호 회원 + 아너 소사이어티 5호 + 세정그룹 회장
박순용 회원 + 아너 소사이어티 8호 + 인천폐차사업소 회장
이금식 회원 + 아너 소사이어티 15호 + 한진종합건설 회장
안진공 회원 + 아너 소사이어티 48호 + 김해미치과 원장
장복영 회원 + 아너 소사이어티 20호 + 백양산업 대표
구재서 회원 + 아너 소사이어티 44호 + 전 광무극장 대표
정영건 회원 + 아너 소사이어티 45호 + 중앙금속 대표이사
남한봉 회원 + 아너 소사이어티 1호 + 유닉스코리아 회장
김영관 회원 + 아너 소사이어티 26호 + 영백염전 회장
박상호 회원 + 아너 소사이어티 33호 + 신태양건설 회장
윤영선 회원 + 아너 소사이어티 47호 + 아이윤안과병원 원장
황규철 회원 + 아너 소사이어티 13호 + 경림종합건설 회장
오청 회원 + 아너 소사이어티 17호 + 신선설농탕 대표
김백영 회원 + 아너 소사이어티 29호 + 법무법인삼덕 대표변호사
최신원 회원 + 아너 소사이어티 6호 + SKC 회장
우재혁 회원 + 아너 소사이어티 4호 + 경북타일 대표
원영식 회원 + 아너 소사이어티 11호 + 오션인더블유 회장
최충경 회원 + 아너 소사이어티 27호 + 경남스틸 회장
최병철 회원 + 아너 소사이어티 42호 + 이우 회장
류시문 회원 + 아너 소사이어티 2호 + 한맥도시개발 회장
최병부 회원 + 아너 소사이어티 30호 + 삼정E&W 대표
이충희 회원 + 아너 소사이어티 40호 + 듀오 대표
이순철 회원과 그의 아내 강인숙 + 아너 소사이어티 23호 + 진영ETS 대표
박점식 회원 + 아너 소사이어티 18호 + 천지세무법인 회장
고(故) 서근원 회원 + 아너 소사이어티 49호 + 건설근로자
이상춘 회원 + 아너 소사이어티 32호 + 현대강업(주) 대표
한철수 회원 + 아너 소사이어티 35호 + 고려철강 대표
김영갑 회원 + 아너 소사이어티 25호 + 법무법인서광 대표변호사
김일섭 회원 + 아너 소사이어티 24호 + 한국형경영연구원 원장
오춘길 회원 + 아너 소사이어티 43호 + ㈜현대정밀 대표이사
이수근 회원 + 아너 소사이어티 38호 + 온누리대학약국 대표약사
하성식 회원 + 아너 소사이어티 39호 + 경상남도 함안군수
이재준 회원 + 아너 소사이어티 36호 + 에이라인치과 원장
홍명보 회원 + 아너 소사이어티 9호 + 홍명보장학재단 이사장
송경애 회원 + 아너 소사이어티 22호 + SM C&C 대표
한동호 회원 + 아너 소사이어티 41호 + 아름다운치과의원 원장

기적을 만드는 사람들

초판 1쇄 인쇄 2012년 11월 20일
초판 1쇄 발행 2012년 11월 23일

지은이 김수혜 감혜림 김지섭 이민구 하경환 구지윤
펴낸이 김수영
펴낸곳 로도스출판사

출판등록 2011년 2월 22일 제301-2011-035호
주소 서울시 중구 만리동 1가 62-7 디오빌 518호
전화 02-3147-0420~0421 **팩스** 02-3147-0422
이메일 rhodosbooks@naver.com

ISBN 978-89-968127-6-0

값 15,000원

* 잘못된 책은 바꿔드립니다.